가난한 사람을 위한 **경제 정책**이
왜 그들의 **살림**을 더 **어렵게** 할까?

경제학 패러독스

ECONOMICS PARADOX

최성락
지음

경제학 패러독스

가난한 사람을
위한 **경제 정책**이
왜 그들의 **살림**을 더
어렵게 할까?

페이퍼로드
paperroad

차례

1장   가난한 사람을 위한 경제 정책이
       왜 그들의 살림을 더 어렵게 할까?

6장 경제의 패러독스 3

7장 경제의 패러독스를 막으려면

경제의 패러독스를
알아야 하는 이유

포유류는 존재한다. 포유류는 어미가 새끼에게 젖을 먹여 키우는 동물군이다. 양서류도 존재한다. 양서류는 물과 육지 양쪽에 서식하는 척추동물군이다. 포유류, 양서류, 파충류 등은 동물을 구분하는 기본 분류이다. 그리고 이런 분류에 따르면 어류도 있다. 물에 사는 물고기들을 어류라고 말한다.

그런데 유전분류학이 발달하면서 유전학적으로 어류가 따로 존재하지 않는다는 것이 밝혀졌다. 그도 그럴 것이 물속에 사는 동물을 두고 어류(물고기) 한 가지로만 부른다면, 육지에 사는 모든 동물도 '육상동물' 한 가지로만 생각해야 할 것이다. 육상동물에는 포유류, 파충류, 곤충, 조류 등 서로 성질이 완전히 다른 부류들이 있다. 마찬가지로 물에 산다고 모두 같은 부류가 아니다. 생태적, 유전적으로 아주 상이하고 다양하다. 어류는 땅의 동물들과 마찬가지로 여러 다른 동물군의 집합이다. 어류로 뭉뚱그릴 수가 없다. 이는 현대 과학이 밝혀낸 사실이기도 하다.

그런데 사람들은 이런 인식을 받아들이지 않는다. 학계에서만 통용될 뿐 보통의 사람들은 여전히 어류가 따로 존재한다고 알고 있다. 학계가 바꾸어보려고 노력하지 않은 것은 아니다. 미국의 분기학자 릭 윈터바텀은 무려 30년 넘게 어류는 존재하지 않는다는 걸 알리려 노력해왔다. 하지만 소용없었다. 사람들은 여전히 어류라 부르는 동물군이 따로 있다고 생각한다.

이런 인식의 벽은 무엇 때문일까? 윈터바텀은 사람들의 직관 때문이라고 했다. 포유류, 파충류 등은 땅에 살고, 어류는 물에 산다고 보는 인식이다. 사람들의 직관에는 어류가 당연히 존재한다. 유전학적 정보, 과학적 진실, 진화의 역사를 아무리 보여줘도 이런 직관을 물리칠 수 없다. 물론 관심을 가지고 보는 사람은 과학적으로 어류가 존재하지 않는다고 인정한다. 하지만 여전히 대부분 사람은 어류가 따로 있다고 생각한다. 어류가 존재하지 않는다고 인정하는 사람도, 그냥 과학적으로 볼 때 그렇지 실제 생활에서는 어류가 따로 있다고 말한다. 과학적 이론과 사실은 직관을 이길 수 없다. 사람의 사고를 지배하는 것은 결국 직관이기 때문이다.

물고기가 따로 존재한다는 유의 직관 자체에는 문제가 없다. 그런다고 사는 데 지장이 생기는 것도 아니다. 하지만 직접적인 영향을 미치는 분야라면 달라진다. 먹고사는 문제, 돈 문제 등 경제와 관련된 분야에서는 직관보다 이론과 사실이 중요하다. 직관이 사실에 반한다면 문제가 생긴다. 개인 차원이 아니라 구성원 대부분이 직관만 따른다면 사회는 제대로 굴러가지 않을 것이다.

그렇다면 경제 부분에서 사실/이론과 직관이 부딪치는 부분이 있을까? 사람들의 직관과 경제학자들이 알아낸 것이 다른 경우가 많을까? 아주 많다. 그래서 경제학은 패러독스의 학문이다. 사람들이 일반적으로 생각하는 경제적 해법이 예상과 전혀 다른 결과를 불러오는 경우가 많다. 경제학을 꼭 어느 정도 알아야 하는 이유이다.

생활의 많은 부분에서 직관적 사고는 큰 문제를 일으키지 않는다. 누가 나쁜 사람인가에 대해서는 법을 공부한 사람이나 공부하지 않은 사람이나 판단이 크게 다르지 않다. 회사에서 직원을 어떻게 대해야 하는가에 대해서도 경영 이론과 개인의 직관은 그리 다르지 않다. 전문가가 해당 분야를 더 잘 안다 뿐이지 비전문가의 직관과 크게 다르지 않다. 그런데 경제는 아니다. 직관이 실제 경제 현상과 맞지 않는 경우가 아주 많다. 문제가 여기서 생긴다. 직관대로 경제를 끌고 나가면 결국 원하는 결과를 얻지 못하고 문제가 더 커지기도 한다. 경제학은 이러한 패러독스를 푸는 학문이다. 직관과 다른 결과를 예상하게 해주는 학문이다.

이 책이 직관에 반하는 경제 현상들을 살펴보고 이해하는 데 도움이 되기를 바란다.

2025년 5월

최성락

내가 경제를 보는
시각에 대하여

나는 1988학번으로 서울대 국제경제학과를 졸업했다. (당시 서울대
에는 경제학과와 국제경제학과가 따로 있었다. 1995년에 두 학과가 통합돼 경제학
부가 되었다.) 서울대 경제학과를 졸업했으니 경제학에 대해 많이 알
것이라 생각하는 사람이 많다. 1990년대 이후 경제학과 입학생에
대해서는 맞을 수 있다고 본다. 하지만 1980년대 학번은 아니다. 당
시 대학에서는 공부를 별로 하지 않았다. 1987년 민주화 운동기에
는 대학에서 수업이 거의 이루어지지 않았다. 1988년에도 매일 학
교에서 데모가 있었고 시험 거부도 많았다. 그러니 1980년대에 경
제학과를 나온 사람이 경제에 대해 잘 안다고 확신하면 안 된다.

이건 경제학과만의 문제가 아니었다. 일문어과를 나왔지만 일본
어를 못하는 사람, 스페인어과를 졸업하고 스페인어를 못하는 사람,
중문과를 나와서 중국어를 못하는 사람이 많다. 대학을 졸업한다고
해당 전공에 대해 잘 아는 시대가 아니었다. 오히려 졸업 후 어떻게

살았느냐가 더 중요한 세대이다. 졸업 후에도 전공 분야에 계속 몸을 담고 있었다면 잘 알 것이고, 졸업 후 전공과 관계없이 살아왔다면 전공에 대해 아무것도 모른다고 보는 것이 맞는다.

그리고 나는 경제학을 좋아하지 않았다. 대학에 들어가고 나서 처음으로 경제학을 대했는데 그저 뜬구름 잡는 이야기로 들렸다. 교재를 펼치면 수식과 그래프가 잔뜩 나오는데, 이런 것이 경제 현상을 설명한다고 인정할 수가 없었다. 나에게 경제학은 현실과 괴리된 이야기일 뿐이었다. 이것이 대학 초 내가 경제학에 대해 가진 인상이다.

나의 경우 대학 3학년에야 경제학에 관심이 생기고 좋아하게 되었다. 1, 2학년 때 수업 시간에 주워들은 기본 내용들이 3, 4학년 수업에서 다시 응용되었는데 실생활과 연관되어 보였다. 깜짝 놀랐다. 단기적으로는 별 관련이 없어 보여도 장기적으로는 분명히 현실을 설명하고 있었다. 여전히 계속 공부 못하는 학생이었지만 어쨌든 경제학을 좋아하게 되었고 계속 배우고자 했다.

그래서 졸업 후 대학원을 갔다. 행정대학원이었다. 그렇다고 전공을 전환한 것은 아니다. 행정대학원은 정책의 세부 분야별로 전공이 정해진다. 나는 대학원에서 경제정책을 공부했다. 석사 논문은 공정거래 정책이고, 박사논문은 규제 정책이었다. 둘 다 경제학의 세부 분야이다. 경제에 대한 나의 기본 지식은 이렇게 대학교를 거쳐 대학원을 다니며 만들어졌다.

대학원 졸업 후 경제에 대한 나의 기본적 시각을 완전히 바꾼 사건이 두 개 있다. 나는 박사학위를 받은 후 교수가 되었다. 대학이 건실하면 대학원생들이 많고 그들이 교수를 지원해주기 마련이다. 교수에게 조교가 배정되고, 교수는 조교에게 이런저런 잡다한 일을 시킨다. 그런데 내가 교수로 있던 대학에는 대학원생도 조교도 없었다. 서류 복사 한 장도 내가 해야 했다.

논문과 프로젝트로 일이 많은데 잡다한 일들까지 모두 하기에는 벅찼다. 그래서 돈을 주고 직접 조교를 고용하기로 했다. 아르바이트로 나를 도울 조교, 즉 비서를 구했다. 내가 고용주가 되어 근로자를 채용한 것이다. 항상 근로자의 위치였던 내가 처음으로 고용하는 입장이 되었다.

이전에 경제를 보는 나의 기본적 시각은 근로자는 선이고 고용자는 악이었다. 고용자는 근로자를 희생시켜 자기 이익을 극대화하려 하고, 근로자는 고용자에게 착취당하는 사람이라는 이미지를 가지고 있었다. 그런데 내가 막상 고용자가 되니, 일단 근로자가 선이라는 개념 자체를 인정하기 어렵게 되었다. 시킨 일을 자기 일처럼 해줄 것은 바라지도 않는다. 그냥 돈을 주는 것만큼만 해주면 된다. 그런데 그런 근로자를 발견하기는 쉽지 않다. 근로자가 하는 일은 고용주가 과거에 모두 해본 일이다. 어느 정도의 노동량이 들어가는지, 시간이 어느 정도 걸리는지 모두 안다. 통상 시급보다 훨씬 많은 돈을 주는데, 하는 일을 보면 터무니없다. 고용주가 근로자를 착취하는 게 아니라 근로자가 고용주를 착취하는 것 같았다.

제대로 일하는 조교를 구하기까지 몇 년이 걸렸다. 이후 지금까지 10년 넘게 조교 직원을 고용하고 있다. 그러면서 고용자의 입장을 알게 되었다. 근로자 중심 경제관과 고용자 중심 경제관의 차이를 알게 됐고, 소비자와 생산자의 입장이 어떻게 다른지 실감했다. 경제를 이해하는 데 있어 고용자와 생산자의 입장을 경험하는 것은 정말 중요하다고 생각한다. 근로자와 소비자 입장에서 경제를 볼 때와는 완전히 다른 세상이 펼쳐진다. 똑같은 경제 현실이지만 보는 시각에 따라 완전히 달라진다는 것을 체감했다.

최근에 또 한 번 경제에 대한 시각이 큰 변화를 겪었다. 근로자였던 내가 자본가가 되었기 때문이다. 투자로 어느 정도 돈을 벌자 교수직을 그만두었다. 이제 더 이상 근로자로서 일하지 않고 가진 돈으로 살고 있다. 돈을 벌기 위해 계속 일해야 하는 근로자의 삶과 가진 돈으로 살아가는 자본가의 삶은 다르다. 그런데 둘은 외면적 생활만 다른 것이 아니었다. 세상을 보는 시각도 달라진다.

우리 사회는 자본주의 사회이다. 나 스스로 자본가가 되고 나서 자본주의를 제대로 이해하게 되었다. 귀족 사회는 귀족이 사회에서 우대받는 사회이다. 양반 사회는 양반이 우대받는 사회이다. 자본주의는 자본이 있는 사람이 우대받는 사회이다. 그냥 사람들이 돈을 중시한다는 것과는 다른 개념이다. 사회 제도 자체가 자본에 유리하게 만들어진 것이다. 그리고 자본에 유리하게 작용할 때 사회가 잘 굴러가는 시스템이 갖추어져 있다. 즉 근로자에게 유리한 정책이 만들어졌다고 해서 정말로 근로자에게만 좋고 자본가에게는 불리하다고 생각해서는 안 된다. 겉으로 보기에는 자본가에게 불리해

보여도 실질적으로는 자본가에게도 유리하거나, 최소한 자본가에게 별 손해가 가지 않는 정책인 경우가 대부분이다.

나는 대학, 대학원에서 경제학을 배웠고, 근로자로서의 삶과 고용주로서의 삶을 경험했다. 그리고 일을 해서 먹고사는 노동자로서의 삶과 자본만으로 먹고사는 자본가로서의 삶도 경험했다. 그렇다고 경제에 대해 더 많이 안다고 하기는 어려울 것이다. 다만 최소한 근로자로서, 고용주로서, 노동자로서, 자본가로서의 시각을 모두 이야기할 수 있다는 것이다. 특히 자본가로서의 시각은 현대 경제에 대한 나의 이해를 높이는 데 큰 영향을 주었다.

지금부터 내가 말하는 경제 이야기는 이런 나의 경험에 바탕을 둔다. 경제 이론의 이야기, 그리고 내가 경험한 근로자, 고용자, 자본가로서의 경제 인식이다. 무엇이 옳고 그르다는 이야기는 하지 않을 것이다. 나는 무엇이 맞고 틀린지 모른다. 그리고 나는 이래야 한다 저래야 한다를 주장하는 규범론자도 아니다. 단지 현실이 이렇다는 것, 근로자와 노동자의 생각은 이렇지만 고용자와 자본가의 생각은 저렇다는 것을 이야기한다고 보면 된다. 경제 현실을 보는 시각의 차이에 따라 경제정책에 대한 해석도 달라진다. 그 이야기를 시작하고자 한다.

1장

ECONOMICS
PARADOX

가난한 사람을 위한 경제 정책이
왜 그들의 살림을 더 어렵게 할까?

백성을 돕고자 한
조선이 가난했던 이유

내가 보기에 진정으로 백성을 위한 나라 중 가장 대표적인 나라는 조선이었다. 조선은 성군 정치를 펼치려 했던 나라이다. 태평성대였던 요순시대가 이상이었고, 왕들은 모두 요순 같은 성군이 되려 했다. 성군은 백성을 사랑하고 백성이 어려울 때 돕는다. 그래서 왕세자일 때부터 철저한 교육이 이루어졌다. 성군이 되어야 한다, 백성을 도와야 한다고 세뇌했다.

그래도 연산군 같은 폭군이 나왔고, 고종같이 국가를 사유물로 생각하고 국가는 자기를 위해 존재한다고 생각하는 왕이 나오기도 했다. 하지만 조선의 대부분 왕은 백성이 어려울 때 돕고자 한 선의가 있었음을 의심하기는 어렵다.

백성을 돕던 조선의 대표적 정책이 진휼이다. 홍수가 나거나 가뭄이 들어 백성이 힘들어지면 언제나 시행했다. 그 지역 백성에게 먹고살 식량을 제공해 굶주리지 않게 했다. 다른 나라들도 엄청난 천재지변이 발생하면 백성을 도왔다. 하지만 조선은 홍수, 가뭄으로 조금이라도 피해가 나면 진휼을 베풀었다. 《조선왕조실록》을 보면 어떤 지역에서 홍수 피해가 났으니 곡식을 보내라는 기사가 끊임없이 나온다. '진휼'로 검색하면 《조선왕조실록》에서 2949건의 기사가 나온다. 조선왕조 500년 동안 평균 1년에 여섯 번 진휼 정책을 시행했다.

이런 임시 지원책인 진휼만 있었던 것이 아니다. 가난하고 굶주린 사람을 돕는 체계적인 정책도 있었다. 대표적인 것이 환곡이다. 식량이 떨어졌을 때 백성에게 곡식을 나누어주고 가을에 수확하면 꾸어 간 곡식을 갚게 했다. 이러한 정책은 고려부터 조선에 걸쳐 무려 1000년 동안 이어진다. 국민이 굶주리지 않도록 하는 복지정책이 이렇게 장기간 체계적으로 이루어진 국가는 찾기 어렵다.

그런데 이해할 수 없는 사실이 있다. 조선은 그렇게 국민의 복지를 위하고 복지정책을 시행했는데 백성은 항상 굶주림에 시달렸다. 진휼 정책을 꾸준히 시행하였으니 백성이 잘 먹고 잘살았다고 생각하면 오산이다. 조선시대 내내 백성은 먹거리 걱정을 하면서 살았다.

조선시대 이후에도 마찬가지이다. 1945년 해방되고 1960년대까지 한국은 세계 최빈국 중 하나였다. 1960년대까지 보릿고개가 있었다. 가을에 수확한 쌀은 봄에 떨어지고, 6, 7월에 보리가 수확될 때까지 먹을 것이 없었다. 이렇게 주기적으로 식량이 없어 굶주리는 국가는 전 세계에서도 극히 드물었다.

아이러니하지 않은가. 복지제도를 갖추고 적극적으로 실행했던 조선은 가난에서 벗어나지 못했다. 백성은 늘 굶주렸고 먹을 것이 없어 고생했다. 복지제도가 잘 만들어졌다 해도 그 제도가 제대로 작동하지 않은 문제도 있었다. 대표적인 복지제도인 환곡은 조선 말기에 오히려 백성을 괴롭히는 정책이 되어 비난을 받았다.

탐관오리들이 있었지만 그 때문만은 아니다. 탐관오리가 없었다 해도 환곡 제도 자체에 문제가 있었다. 환곡 제도가 유지되려면 봄에 곡식을 나누어주고 가을에 되돌려 받아야 한다. 그래야 다음 해 봄에 다시 곡식을 나누어줄 수 있다. 그런데 흉년이 들면 문제가 생긴다. 가을에 곡식을 돌려받아야 하는데 그럴 곡식이 없게 된다. 그러면 다음 해 봄에 나누어줄 곡식도 없다. 결국 백성은 보릿고개를 넘지 못하게 된다. 한 번의 흉년으로 환곡 제도 자체가 의미가 없어지는 것이다. 그렇다고 흉년에 곡식을 억지로 거두어들이면 그게 바로 잔혹한 수령이고 탐관오리이다.

보릿고개가 존재하는 상황, 먹을 곡식 자체가 부족한 상황에서는 아무리 복지제도를 잘 시행한다 해도 백성의 삶은 나아지지 않는다. 조선은 양반 중에서도 소수 귀족을 제외하고는 늘 먹을 것이 부족했다. 그래서 빈부격차가 아주 작은 국가였다. 빈부격차가 작고, 국민을 위하고, 다양한 복지정책을 시행하였지만, 우리는 조선을 살기 좋은 국가, 살고 싶은 국가로 보지 않는다.

조선시대부터 이어져온 가난에서 벗어나게 된 것은 1970년대부터이다. 박정희 정권 시대에 한국은 극빈국에서 벗어났고, 점점 잘사는 나라가 되어간다. 한국이 가난에서 벗어나고 굶어 죽는 사람이 없어진 것은 복지제도가 더 강력히 구축되어서가 아니다. 산업화 정책과 경제 성장 정책으로 극복한 것이다.

박정희 시대에 한국은 제대로 된 복지정책을 만들고 시행한 적이 없다. 제대로 된 노동자 보호 정책도 없었고, 빈민 구휼 정책도 없었다. 가난한 사람을 돕고자 한 정책은 거의 찾을 수 없다. 그 대신 산업화 정책, 성장 정책, 기업 지원 정책을 시행했다. 그런데 이를 통해 몇천 년에 걸친 굶주림에서 벗어날 수 있었다.

이는 경제학의 가장 대표적인 패러독스 중 하나이다. 복지정책에 초점을 맞추면 국민이 가난에서 벗어나 더 잘살 것 같다. 하지만 그렇지 않다. 가난한 사람이 가난을 벗어나지도 않는다. 국민 복지를 위해 열심히 노력하는데, 오히려 가난한 계층이 더 가난해지는 현상이 발생한다.

가난한 사람을 돕는 복지에 초점을 맞추지 않고 경제 성장에 초점을 맞추면 부자는 더욱 부자가 되지만 가난한 사람은 더 가난해질 것 같다. 그런데 경제가 성장하는 국가에서는 가난한 사람이 더 잘살게 된다. 가난한 사람을 도우려고 한 게 아닌데 그들의 소득이 늘면서 가난에서 벗어난다. 설사 여전히 상대적으로 가난하다 해도 이전보다 생활 수준이 훨씬 나아진다.

어떻게 이럴 수 있는지 이해되지 않는다. 하지만 경제는 실제로 이렇게 굴러간다. 경제를 이해하지 못한다면 도무지 이해할 수 없는 현상이다. 그래서 패러독스이다. 이를 모르는 사람들이 가난한 사람을 위하는 정책을 주장하고, 가난한 사람을 돕는 정책을 강력히 지지한다. 자신들의 선의가 그에 합당한 결과와 보상을 줄 것이라 믿는다. 하지만 경제의 패러독스를 아는 사람들은 가난한 사람을 돕고자 하는 정책에 불신을 보인다. 의도는 좋지만 결과에 의구심이 들기 때문이다. 그 대신 경제 성장 정책, 기업 성장 정책을 적극 지지한다. 결국 가난한 사람을 돕는 더 근본적인 정책이라고 생각하기 때문이다.

정책의 의도가 중요한가, 정책의 실제 결과가 중요한가. 경제의 패러독스는 의도와 목적과는 전혀 다른 실제 결과를 보여준다. 따라서 경제의 패러독스를 알아야 현대 경제정책의 메커니즘을 제대로 이해할 수 있다.

로마는 왜 멸망했나

로마 제국은 지구상에 존재했던 모든 제국 중 가장 위대한 제국으로 일컬어진다. 단순히 영토의 크기, 군사력만 생각하면 다른 나라를 떠올릴 수도 있다. 하지만 제국 내에 살던 사람들의 삶을 생각하면 로마가 가장 위대한 제국이었음을 부인하기 힘들다.

제국의 구성원은 보통 정복자와 피정복자로 구분된다. 그리고 피정복자는 정복자에게 착취와 차별을 당해서 제국에서 독립하려는 게 일반적이다. 하지만 로마는 그렇지 않았다. 피정복자라 할지라도 로마의 지배 세력으로서 인정받을 수 있었고, 제국이 향유하는 문화를 같이 누릴 수 있었다. 현재 이탈리아 영토가 아닌 튀르키예, 북아프리카 등에 남은 로마의 유적을 보면, 당시 로마 제국 내 모든 사람이 로마의 문화를 향유했다는 것을 인정하지 않을 수 없다. 그래서 로마의 피정복자들은 로마 주민이 되어, 로마를 지키기 위해 칼을 들고 일어나는 시민이 된다. 일본의 식민지에 살던 한국인들이 일본인을 싫어하고 독립을 바랐던 것을 생각해보면, 로마에 정복당한 사람들이 로마를 찬양하고 칭송했다는 게 얼마나 이례적인지 유추할 수 있다.

그런데 그런 위대한 로마 제국이 왜 멸망했을까. 이는 서양 역사에서 계속 제기되는 질문이다. 가장 우선으로 꼽히는 것은 게르만족 등 야만족의 침략이다. 게르만족이 로마 영토를 침범하면서 로마는 급격히 쇠약해지고 결국 멸망에 이르렀다고 본다. 그러나 이건 로마 제국의 진짜 멸망 이유로 인정받지 못한다. 야만족의 침략은 로마 전성기에도 계속 있었고, 로마는 모두 물리쳐왔다. 하지만 말기에 이르러 더 이상 야만족의 이주를 막아내지 못하고 멸망에 이른다. 즉 로마가 쇠약해졌기 때문에 야만족이 국경을 넘을 수 있었다. 야만족의 침략으로 로마의 힘이 떨어진 게 아니다.

로마가 사치에 빠져서 쇠약해졌다는 설도 있다. 그러나 말기에는 각 지역이 자급자족하는 경제 체제를 갖추어 사치할 수 있을 만한 경제력이 없었다. 로마가 사치했다고 말할 수 있는 건 오현제 등 전성기 때인데, 이때부터 로마가 망할 때까지는 약 300년의 시차가 있다. 몇백 년 전에 있던 일을 멸망의 원인으로 보기에는 무리가 있다.

그렇다면 경제학은 로마의 쇠퇴와 멸망의 원인을 어떻게 볼까? 20세기 최고의 경제학자 중 한 명인 루드비히 폰 미제스가 로마 멸망의 원인을 경제학으로 설명했다. 로마는 복지정책과 화폐 정책, 그리고 이를 유지하기 위한 가격 정책으로 망해갔다.

로마의 대표적인 복지정책은 가난한 사람에게 식량을 나누어주는 정책이다. 이는 좋은 정책이 아닌가? 물론 좋은 정책이다. 문제는 굶어 죽지 않을 만큼 돕는 데서 그치지 않았다는 점이다. 처음에는 곡물을 주었다. 그러다 3세기경부터는 빵을 주기 시작했다. 가난한 사람도 보통 사람들이 먹는 음식을 먹어야 하고, 가난하다는 이유로 빵이 아니라 곡물만 먹을 수는 없기 때문이다. 그런데 사람이 어떻게 빵만 먹고 사나? 올리브유도 주기 시작했다. 나아가 포도주와 돼지고기도 주기 시작했다. 그렇게 로마 사람들은 모두 다 사람답게 살 수 있게 된다. 현대의 기본소득 개념이 완전히 적용되어 시행된 것이 로마의 복지정책이다.

　이런 복지정책의 문제점은 무엇일까? 바로 돈이 부족해진다는 점이다. 역사상 어느 나라든 모든 사람을 배불리 먹게 할 만큼 돈이 충분하지는 않았다. 하지만 부자들이 돈을 내면 되지 않을까? 한국의 경우 2024년 보건복지 분야 총 예산은 122조 원이다. 대한민국 국민이 5000만 명이라고 하면 1인당 1년에 244만 원이 지급된다. 한 달로 계산하면 20만 원이다. 한 달에 20만 원으로는 살 수 없다. 술도 먹고 고기도 먹고, 인간다운 삶을 살기 위해서는 한 달에 못해도 100만 원은 있어야 하지 않을까? 그러려면 보건복지 예산은 122조가 아니라 610조가 되어야 한다. 결국 약 490조 원이 부족하다. 그정도는 부자들에게서 걷으면 된다.

　2024년 말, 한국 상장기업 전체의 가치가 2254조원이다. 삼성, 현대 등 재벌가만이 아니라 한국의 주식 보유자 전체가 가지고 있는 자산 가치이다. 2200조가 넘는 돈이 있는데 500조 정도는 거둘 수 있지 않나. 자산세, 부유세, 재산세 등을 대폭 올리면 거둘 수 있다. 그런데 500조를 한 5년간 걷으면 2500조 원을 걷게 되는데, 이건 한국의 모든 상장기업의 가치를 합한 것보다 많은 돈이다. 상장기업 주식을 가지고 있는 재벌가와 부자들은 자기 재산을 모두 잃고 만다. 부자들의 재산을 모두 털어도 국민 전체에 대해 충분한 복지를 실시하면 단 5년만 할 수 있다. 그다음에는 돈이 없다. 기업이 모두 없어지고 부자도 없는데, 복지비도 없다.

로마도 결국 돈이 부족해졌다. 그래서 돈을 마련하기 위해 돈의 가치를 떨어뜨리는 방법을 썼다. 금화는 금이 99.99%인 것이 원칙이다. 그런데 금을 50%만 넣으면 같은 금으로 두 배의 금화를 만들 수 있다. 금 10%만 넣으면 10배의 금화가 만들어진다. 최근 용어로 말하면 정부가 돈을 찍어내 복지비로 사용한 것이다.

이렇게 돈을 찍어낼 때의 문제점은 무엇일까? 인플레이션이다. 결국 로마의 물가도 크게 오른다. 정부는 1000원이란 돈을 찍어내 1000원짜리 빵을 사서 가난한 사람에게 나누어주었다. 그런데 빵값이 2000원으로 오른다. 이러면 정부가 1000원의 돈을 찍어내도 빵을 사 줄 수가 없다.

빵값은 계속 1000원이어야 한다. 그래서 로마가 시행한 정책이 가격 상한제이다. 주요 물품의 가격을 일정 금액 이상으로 팔지 못하게 했다.

지금은 가격 상한제를 어기면 높은 벌금을 내야 한다. 하지만 이

때는 고대 사회였다. 정부의 지침을 어기면 보통 감옥이고, 심하면 사형이다. 상점, 가게는 이 지침을 지켜야 했다. 정책에 별다른 효용성이 없고 실제 상한 가격보다 높은 가격에 거래된 경우가 많다 해도, 대부분의 선량한 시민은 정부의 명령에 따랐다.

빵값으로 2000원은 받아야 한다. 그런데 1000원에 팔아야 한다. 그러려면 농부에게서 500원 정도에 밀을 사 와야 한다. 하지만 농부 입장에서는 자기 노동량, 생활비, 비료비 등을 고려해 1000원은 받아야 한다. 하지만 밀값도 가격 상한제에 걸렸다. 밀을 500원에 팔아야만 했다.

그러면 농부들은 어떻게 해야 할까? 열심히 농사를 지어서 1000원을 받아야 할 밀을 정부 정책대로 500원에 팔까? 농부들은 그런 짓을 하지 않았다. 그냥 밀 농사를 짓지 않았다. 자기 가족이 먹고살아야 하니 밀을 생산하기는 한다. 자기가 먹을 것만 생산하는 것이다. 다른 사람에게 팔 정도로 많이 생산하지 않는다. 사람들이 다른 사람들에게 팔 것을 생산하지 않고 자기가 사용할 것만 생산하는 사회는 어떤 사회인가? 바로 자급자족 경제이다. 유럽의 중세는 각 장원이 독자적으로 먹고살아가는 자급자족 사회였다. 로마는 활발한 상업 사회, 중세는 자급자족 사회로 구별되는데, 상업 사회를 자급자족 사회로 바꾼 것이 로마의 복지정책에서 이어진 인플레이션 정책, 그리고 가격 상한제 정책이었다.

자급자족 경제 사회에서는 가난한 사람에게 나누어줄 빵이나 포도주를 구할 수 없다. 돈이 있어도 살 수 없는 사회가 자급자족 경제이다. 로마의 복지정책은 어느새 유야무야 사라졌고, 결국 모두가 가난한 자급자족 사회가 되었다. 그렇게 로마는 스러져버렸다. 이 과정이 경제정책 면에서 보는 로마 멸망의 원인이다.

왕안석의 신법은
가난한 농민을 위한 혁신이었는가?

왕안석은 중국 송나라 시대의 유명한 개혁가이다. 그는 가난한 농민의 어려운 삶을 안타깝게 여겨 농민을 위한 여러 조치를 시행했다. 왕안석이 가난한 농민을 진심으로 위했다는 점에 대해서는 이견이 없다. 젊었을 때부터 그의 행동이나 글에서 그런 점이 드러난다.

왕안석은 송나라 신종의 신임을 받아 재상이 되었고, 이후 가난한 농민을 위한 각종 정책을 강력히 시행했다. 이런 왕안석의 정책들을 신법이라고 한다. 하지만 왕안석의 신법은 엄청난 반발을 산다. 결국 왕안석이 정권을 잃었을 때 그의 신법은 모두 폐기된다. 왕안석은 가난한 농민의 삶을 보다 낫게 하는 데 진심이었고, 또 그런 정책들을 기획하고 실행했다. 그런데 왜 그의 신법이 실패했을까. 그건 가난한 농민을 위한다는 정책이 실제로는 그들의 삶을 더 어렵게 했기 때문이다.

왕안석의 신법 중 가장 대표적인 청묘법을 보자. 당시는 농경 사회였고, 사계절이 있는 농경 사회에서는 가을에 수확한다. 그래서 가을에는 식량이 충분하지만 봄이 되면 부족해진다. 이때 먹거리가 부족한 농민들은 쌀이 많은 부농, 지주로부터 쌀을 꾸고, 가을에 수확하면 갚는다. 그런데 이자율이 굉장히 높다. 당시 송나라에서는 봄에 꿔서 가을에 갚을 때 50~60%의 이자를 냈다. 1년이면 100~120%이다. 열 가마를 빌렸으면 1년 후 스무 가마를 갚아야 하는 것이다.

청묘법은 이런 어려운 농민들을 구제하는 법이다. 그동안 부농, 지주가 쌀을 꿔주었는데, 이제 정부, 관아가 쌀을 꿔주겠다고 나섰다. 그리고 이자는 20%만 받았다. 반년에 20%이니 1년이면 40%이다. 현대 시점에서는 여전히 너무 높은 이자율이다. 하지만 당시 기준으로는 엄청나게 쌌다. 시장 이자율이 연 100~120%였는데 40%만 받으니 농민의 부담을 반 이상 줄여주는 혁신이었다. 그러니 청묘법은 가난한 농민을 위한 정말 좋은 혁신적 조치라고 볼 수 있지 않을까?

하지만 당시 신하들과 사대부들은 청묘법을 적극 반대했다. 그래서 왕안석이 실권을 잃고 정권을 내놓았을 때, 후임자들은 바로 청묘법을 폐지했다. 신하들과 사대부들은 왜 청묘법을 반대했을까? 혹자는 지주이자 부농에 속하는 사대부, 관료의 이익을 침해했기에 반대했다고 본다. 부농들은 그동안 반년에 50~60% 이자를 받으며 이익을 보고 있었다. 그런데 정부가 20% 이자만 받고 쌀을 빌려주니 더 이상 고리로 빌려줄 수가 없었다. 청묘법으로 자기들의 이익이 크게 줄어서 반대했다고 보는 것이다.

하지만 정말 그럴까? 대부분 사대부와 관리가 청묘법을 반대했지만, 그 누구도 '청묘법이 자기들의 이익을 침해하니 안 된다'라고 주장하지 않았다. 기업가나 상인이라면 모를까, 명색이 고위 관리들이 자기 이익에 불리하다고 이런 제도를 반대하지는 않는다. 이들이 반대한 이유는 청묘법 때문에 백성이 오히려 더 어려워졌다는 것이었다. 청묘법이 백성을 못살게 하기 때문에 폐지를 주장했고, 청묘법을 밀어붙이는 왕안석을 비난했다.

청묘법은 지방관청이 봄에 곡식을 빌려주고 가을에 돌려받으면서 20% 이자만 받는 제도이다. 청묘법 전에 부농에게 곡식을 빌릴 때는 50~60% 이자율이었다. 청묘법은 분명 이자율을 크게 줄여서 농민의 부담을 줄이는 제도였다. 그런데 왜 청묘법 때문에 백성들의 삶이 더 어려워졌다는 것일까?

그동안 지방관청은 백성들에게 곡식을 나눠주고 걷고 하는 일을 하지 않았다. 그런데 청묘법으로 관청이 나서서 백성들에게 곡식을 대부해주고 걷고 하는 일을 하라고 한다. 관리들 입장에서 굉장히 귀찮아지는 일이다. 그냥 하라고 한다고 관리들이 적극적으로 나서지는 않는다. 그래서 왕안석은 관리들이 제대로 일하도록 하려고 지방관청 관리들의 성과평가 항목에 청묘법을 얼마나 잘 실행했는가를 집어넣는다.

지방관리들이 청묘법을 제대로 시행하고 있는지를 알기 위해서는 무엇을 보면 될까. 청묘법은 곡식을 빌려주고 20% 이자를 받는다. 이를 얼마나 거두었나를 보면 얼마나 실행했는가를 확인할 수 있다. 이자를 많이 받았으면 청묘법을 열심히 시행한 것이고, 받은 이자가 없으면 청묘법을 제대로 시행하지 않고 게으름을 피운 것이다. 왕안석은 지방관청의 이자 수익을 성과지표로 삼고 청묘법 시행을 독려했다.

청묘법의 이자 수익이 관리들의 성과와 연결되니 이제 열심히 백성들에게 곡식을 빌려주어야 한다. 더 많은 백성에게 곡식을 빌려줄수록 성과가 높아진다. 그런데 가난하지 않은 백성은 곡식을 빌리지 않는다. 그러면 자기 성과가 낮아진다. 그래서 관리들은 가난하지 않은 백성들도 곡식을 빌리도록 했다. 심지어 쌀이 창고에 쌓인 부농과 지주들에게도 빌려 가라 했다. 부농과 지주들은 그런 관리의 명령을 거부할 수 없었다. 무슨 보복을 당할지 몰랐다. 이전에는 가난한 백성들이 자기 의지와 선택으로 곡식을 빌렸다. 하지만 이제 거의 모든 백성이 억지로 곡식을 빌리고, 20% 이자를 지불해야 한다. 불만이 높아질 수밖에 없다.

부농은 20% 이자를 억지로 부담해야 했지만, 어쨌든 진짜 가난한 농민은 이자율이 50%에서 20%로 줄긴 했다. 그러니 가난한 농민에게는 좋은 제도가 아닐까? 하지만 그것도 그렇지 않았다. 그해 농사가 잘되면 갚을 수 있지만, 농사를 망치면 20% 이자를 갚는 것도 쉽지 않다. 그리고 농사는 해마다 풍년인 경우가 거의 없다. 몇 년에 한 번 흉년이 온다. 그때는 이자를 낼 수 없다. 갚을 수 없는 농민은 도망친다. 가족이 야반도주를 한다. 그러면 원금도 이자도 받을 수 없다.

청묘법 전에 반년 이자율이 50%였다고 지주들이 엄청난 이익을 얻었다고 생각하면 곤란하다. 돈을 빌려주는 사람은 채무자가 돈을 갚지 않아 원금을 날리는 경우까지 생각해서 이자율을 정한다. 50% 이자율은 많은 채무자가 돈을 갚지 않아도, 전체적으로는 적정 이자 수익을 얻을 수 있도록 산정된 이자율로 봐야 한다. 실제 지주의 수익은 거의 적정 이자율을 벗어나지 않는다.

어쨌든 원금과 이자를 떼어먹고 도망가는 사람들이 있으면 관리 입장에서 큰 타격이다. 자기 실적이 낮아진다. 그래서 관리들은 방법을 찾는다. 간단하다. 도망친 농민의 이웃들에게 그 원금과 이자를 대신 갚으라고 하는 것이다. 청묘법하의 농민은 자기가 빌린 곡식의 20%만 내면 되는 게 아니었다. 자기 동네 농민이 갚지 못한 원금과 이자도 부담해야 했다. 그래서 결국 실제 부담하는 이자율은 70~80%에 달했다. 이전에는 곡식을 빌린 가난한 농민은 50% 이자를 부담했다. 하지만 청묘법이 실시되면서 거의 모든 농민이 70~80% 이자를 부담하게 되었다. 청묘법 때문에 농민의 부담이 크게 증가했다는 비난이 나온 이유이다.

사람의 의도와 선의에 초점을 두는 사람들은 왕안석의 신법을 칭송한다. 하지만 실제 결과에 초점을 두면 왕안석의 신법은 백성의 삶을 어렵게 한 악법이다. 가난한 농민을 위해 이자율을 낮추는 정책이 실제 가난한 사람의 삶을 낫게 하지 않는다. 경제의 패러독스다.

중국의 공동부유 정책이
만들어낸 것

1970년대 말 중국은 개방개혁 정책을 실시하면서 크게 발전했다. 모두가 가난했던 중국이 알리바바, 텐센트 등 세계적인 기업들을 배출하면서 미국에 이은 경제 대국으로 성장한다. 그런데 이런 성장에는 반드시 부작용이 있다. 빈부격차가 커진다는 점이다. 중국은 세계에서 중산층 이상 부자가 가장 많은 나라가 되었지만, 극빈자도 인구의 40%가 될 정도로 빈부격차 문제는 심각하다.

2021년, 이런 문제를 풀기 위해 시진핑 정부는 공동부유를 천명한다. 지금까지는 덩샤오핑의 선부론이 정책의 큰 방향이었다. 일정 부류가 먼저 부자가 되고 이어서 다른 사람들도 부자가 되자는 것이 선부론이다. 이에 대해 공동부유는 누구는 부유해지고 누구는 가난해지지 않게 모두가 잘살자는 정책이다.

모두가 골고루 잘살자는 정책의 목표에는 잘못된 것이 없다. 모든 나라가 지향하는 목표이기도 하다. 그런데 빈부격차 없이 모두가 골고루 잘살기 위한 정책에는 두 가지 방향이 있다. 하나는 잘사는 사람을 더 이상 잘살지 못하게 억누르는 것이고, 다른 하나는 못사는 사람이 더 잘살 수 있도록 이끌고 독려하는 것이다.

비슷한 예로, 학력 격차가 심한 반에서 학생들의 격차를 줄이는 방법에는 두 가지가 있다. 공부 잘하는 학생이 더 이상 공부하지 못하게 만드는 방법이 있고, 공부 못하는 학생이 더 열심히 많이 공부하도록 이끄는 방법이다. 그런데 공부 못하는 학생이 공부를 잘하기는 어렵지만, 공부 잘하는 학생이 공부를 못하기는 쉽다. 하루 동안의 공부 시간을 제한하고, 교과서 외 다른 참고서 보는 걸 금지하고, 과외나 학원 수업을 금지하면 된다. 단순히 100점 만점을 90점 만점 기준으로 바꾸어도 학생 간 점수 차이는 줄어든다.

빈부격차 그리고 학력격차를 줄이는 데 어떤 방법이 더 효율적일까? 잘사는 사람, 공부 잘하는 사람을 누르는 게 훨씬 쉽다. 중국도 잘사는 사람을 억누르는 방향으로 나아간다. 중국이 공동부유를 천명하고 가장 먼저 한 것이 중국에서 가장 잘나가는 기업들을 손보는 것이었다. 세계적으로 유명하고 매출과 이익이 높은 대표적 중국 기업이 텐센트, 알리바바, 바이트댄스 등 IT 기업이다. 이런 기업의 CEO들을 압박하기 시작했고, 중국 6대 빅테크 기업은 이 1년 동안에만 약 30조 원의 기부금을 내야 했다. 사업에 대한 규제도 강화되었다. 텐센트의 주요 사업 분야인 게임에 대한 규제가 강화되었고, 알리바바의 자회사 앤트의 상장도 금지되었다. 알리바바의 창업자이자 CEO인 마윈은 현역에서 은퇴했다. 텐센트의 마화텅 회장도 핀테크 자회사 차이푸퉁 대표에서 물러났다. 중국에서 가장 돈을 많이 벌고 잘나가는 기업들을 억누르니, 빈부격차가 줄기는 했을 것이다.

공동부유의 다른 주요 정책은 부동산 규제이다. 중국의 갑부 중에는 부동산개발회사 운영자들이 많다. 중국 각지에서 이루어진 개발로 부동산 회사들은 떼돈을 벌었다. 또한 일반인이 큰돈을 버는 가장 주요한 방법이 부동산 투자였다. 집값이 폭등하면서 집을 여러 채 구입한 사람들이 갑부가 되었다. 이들을 누르기 위해 중국 정부는 부동산 규제를 시행했다. 부동산 관련 부채 한도와 대출 한도를 줄이고, 이자율을 높이고, 부동산 회사에 대한 지원을 끊었다. 중국 빈부격차의 주요 원인인 부동산을 잡아서 부동산 부자들을 끌어내리면 빈부격차도 줄어들 것이다. 그러면 모두가 잘사는 공동부유 사회가 될 것이다.

물론 공동부유 정책은 해피엔딩으로 끝나지 않는다. 알리바바, 텐센트 같은 기업들의 수익성은 크게 줄어든다. 주식가격도 폭락한다. 여기까지만이라면 돈 있는 자들을 억누르는 데 성공한 것이다. 그러나 기업들은 대응책을 찾는다. 더 이상 돈이 많지 않고, 규제로 사업도 위축되었다. 그래서 더 이상 직원이 많이 필요하지 않다. 규제 대상이 된 주요 기업들은 직원들을 내보내는 감원을 시작한다. 텐센트는 직원 수가 11만 명이었는데 이 인원의 10~15%를 정리해고 했다. 알리바바, 바이두, 다른 주요 대기업들도 이 정도 비율로 해고했다.

이는 단지 그 회사의 해고로 끝나지 않는다. 한국의 삼성이나 현대자동차가 사업을 줄이면서 임직원의 10%를 해고한다고 하자. 그럼 담당 직원들만 해고되는 게 아니라, 해당 사업과 업무를 맡던 하청업체도 거래가 끊긴다. 주요 대기업은 1차 하청업체, 2차 하청업체, 3차 하청업체 등 연속적인 공급망을 가지고 있다. 그래서 대기업이 구조조정을 하면 이 하청업체들도 모두 구조조정된다. 그에 대한 결과는 분명하다. 근로자의 실업률이 증가하고, 그런 상태에서 신입사원을 채용하지도 않을 테니 청년 실업률이 급증한다. 2023년 6월, 중국의 청년 취업률은 21.3%를 기록했다. 결국 중국 정부는 청년 실업률을 더 이상 발표하지 않았다. 돈 많은 대기업을 때려 부자는 줄었는데, 실업이 늘고 청년들이 일자리를 잡지 못한다. 결국 가난한 사람이 더 늘어났다.

부자를 때려잡는 부동산 규제도 비슷한 길을 걷는다. 더 이상 대출할 수 없고 지원을 받지 못하는 부동산 회사들은 돈이 부족해진다. 돈 많은 부동산 회사들을 끌어내리려는 공동부유 정책이 제대로 작용한 것이다. 그런데 부동산 회사들이 그동안 짓던 건물 건설을 중단한다. 돈이 없으니 부동산 개발 프로젝트를 더 이상 유지할 수가 없다. 그래서 건설 현장에서 일하는 근로자들이 일자리를 잃는다. 또 여기에 자재를 댄 중소기업들도 돈을 받지 못하고, 일도 없어 경영난에 빠진다.

더 큰 문제는 부동산을 미리 산 사람들이다. 중국도 한국처럼 아파트가 완성되기 전에 선분양을 한다. 분양자들은 자기 돈에 대출금을 보태 계약금을 내고 중도금을 넣는 중이었다. 그런데 건설이 멈춘다. 그렇다고 이미 받은 은행 대출금이 없어지는 것이 아니다. 이자도 계속 내야 한다. 건설이 중단되면서 아파트를 분양받은 사람들은 그야말로 망했다. 부자 부동산 재벌을 억누르려는 부동산 규제로 큰 부동산 회사가 망했는데, 거기서 그치지 않고 중소회사, 일반 근로자들도 망하고, 집을 사려던 일반 시민들도 망했다. 부자 회사가 망한 건 그렇다 해도, 부자가 아닌 보통 회사들, 그리고 하루하루 공사 현장에서 일하는 근로자들, 평생 모은 돈으로 집을 사려던 시민들까지 모두 망했다.

부자를 때려잡는 중국의 공동부유 정책은 제대로 작동했다. 현재 중국에서 부자들은 몸을 사리고 있고, 돈을 더 벌려고 하지 않는다. 돈을 많이 벌면 공공의 적이 된다. 그런데 공동부유 정책의 원래 목적이 부자를 때려잡는 건 아니었다. 모두가 잘사는 사회, 못사는 사람도 같이 잘사는 사회가 목적이었다. 그럼 이런 공동부유 정책으로 못사는 사람들이 잘살게 되었나? 빈부격차가 줄고 모두가 잘사는 사회가 되었나?

공동부유 정책 이후 못살다가 잘살게 된 사람은 찾아보기 어렵다. 대신 잘살다가 못살게 된 사람, 그럭저럭 살다가 힘들어진 사람은 아주 쉽게 찾아볼 수 있다. 부자들이 많은 부를 잃어버린 것은 사실인데, 하루하루 벌어먹던 사람들이 더 이상 일자리를 찾지 못해 극빈층이 되는 것도 사실이다. 가난한 사람이 늘었으니 빈부격차가 줄었다고 말하기는 힘들다. 빈부격차 없이 모두가 잘사는 사회를 만들자면서 부자를 끌어내리는 건 쉬운 방법이다. 그런데 그 방법으로는 빈부격차가 줄지도 모두 잘사는 사회가 이루어지지도 않는다. 부자를 끌어내리려는 정책이 품은 패러독스이다.

오바마 패러독스

최근 몇십 년간 미국 국민에게 가장 인기 있었던 대통령으로 2009년부터 2017년까지 대통령을 지낸 버락 오바마를 들 수 있다. 처음 당선될 때도 높은 인기를 누렸고, 8년간의 임기를 마치고 대통령에서 내려올 때도 인기가 높았다. 미국 국내에서뿐만 아니라 세계적으로도 오바마 대통령의 위상은 높았다. 오바마는 분명 성공적인 대통령으로 인식된다.

그가 이렇게 인기 있었던 이유로 세 가지를 들 수 있다. 첫째, 오바마는 미국 최초의 흑인 대통령이다. 오바마 전에 흑인이 가장 높이 올라갔던 직위는 국무장관이었다. 부통령에서도 흑인은 없었다. 미국에서는 몇십 년 동안 흑인 대통령은 불가능하다고 이야기되었다. 그런데 오바마가 흑인 대통령이 되었다. 미국의 고질적 문제점인 인종차별에 있어 획기적인 발전이었고, 미국인만이 아니라 전 세계 사람이 모두 열광했다. 미국 최초 흑인 대통령. 그것만으로도 오바마는 미국 소수인종의 절대적 지지를 얻었다.

둘째, 오바마는 언제나 가난한 사람, 소수인종을 위한 정책을 지향했다. 미국 경제에서 가장 문제시되는 것이 빈부격차이다. 오바마는 가난한 사람을 위한 국가를 만들겠다고 공언했고, 또 실제 이를 위한 정책들을 실행했다. 특정 집단의 이익이 아닌 국민 모두를 위한 국가, 특히 사회적 약자를 위한 국가를 지향했다. 이렇게 고귀한 이상을 품고 실천해나가는 사람이 오바마였다.

셋째, 오바마는 항상 웃는 얼굴로 모든 상대와 원활한 협상을 했다. 국제 관계에서도 오바마는 언제나 협의와 협상, 대화를 했다. 세계 최강대국 미국의 힘을 내세우지 않으면서 대화하고 설득하는 그의 태도는 국제 사회에서 강력한 지지를 얻었다. 오바마의 미국은 모든 나라들과 원활한 관계를 유지했다. 특별한 분쟁도 없었고 세계는 평화로웠다.

오바마 시절, 미국은 가난한 사람, 사회적 약자를 지향하는 국가였고, 미래를 향해 나아가는 국가였다. 역대 어느 정부보다 복지제도가 강화되었고, 미국의 주요 문제였던 의료비 문제를 해결했고 국민 모두가 의료보험 혜택을 누리는 오바마 케어가 도입되었다. 오바마 정부는 분명히 가난한 사람, 사회적 약자를 위한 정부였다. 그의 선한 의도와 실천을 의심하는 사람은 없다.

그런데 이해하기 어려운 현실이 있다. 오바마 대통령 집권 8년 동안 미국의 경제성장률은 1.47%였다. 미국의 지난 60년간 경제성장률은 3.4%이다. 보통 못해도 2~3%는 나온다. 그런데 오바마 시절에는 1.47%였으니 평균치에서 반타작이 났다.

미국은 고용 안정이 보장되지 않는 나라다. 기업의 상황이 어려우면 바로 해고할 수 있고, 실제 해고한다. 이런 나라에서 경제성장률이 크게 떨어진다는 것은 기업 상황이 어렵다는 의미이고, 일자리를 잃는 사람이 많다는 뜻이다. 실제 오바마 정권 때 미국의 고용률은 58~59%로 떨어졌다. 오바마 집권 전 미국의 고용률은 63%대였다. 인구 3억 3000만 명대인 미국에서 고용률 4~5% 차는 약 1500만 명의 고용 손실을 의미한다. 오바마 정부 때 미국에서 1500만 명이 일자리를 잃은 것이다.

미국은 계속 인구가 증가하는 국가였고 고용자도 증가해왔다. 그런데 오바마 정부 때 미국의 고용률과 고용자수는 급감했다. 2008년 금융위기로 타격이 크기는 했지만, 오바마는 2017년까지 대통령을 지냈다. 금융위기에서 벗어난 2010년대 중반에도 여전히 오바마 정권의 고용률은 그전 시기보다 낮았다.

오바마 정부의 경제정책은 가난한 사람을 위한 복지 수혜를 늘리는 것에 초점을 두었다. 복지 예산을 늘리기 위해서는 돈이 필요했다. 그래서 소득세와 법인세를 올렸다. 사회적 약자를 보호하기 위해 기업에 대한 규제도 강화했다. 그래서 오바마 정부는 미국에서 역대 가장 좌파적인 정부라는 평가를 받는다.

그런데 미국민의 삶은 오바마 정부에서 가장 정체되었다. 미국에서는 대통령의 임기가 끝날 때마다 현 대통령이 집권하는 동안 사는 게 나아졌는지에 대한 설문조사가 이루어진다. 오바마의 집권이 끝날 때도 설문조사를 했는데, 4년 전보다 더 나아졌다는 응답은 44%였다.

44%나 되는 사람들이 나아졌다고 생각하니 긍정적이라고 보아서는 곤란하다. 이 수치는 최근 몇십 년간 조사 중 최저치였다. 트럼프 대통령은 이 수치가 56%였다. 최근 몇십 년간 최악의 무능한 대통령이라 비판받는 아들 조지 부시 대통령이 45%였다. 퇴임 시까지도 인기가 높았던 오바마 대통령이었다는 점을 고려하면 이해하기 힘들다. 그만큼 오바마 대통령 집권 동안, 국민의 삶이 실제 나아지지 않았음을 시사한다. 오바마는 가난한 사람을 위한 경제를 입안하고 실제 실행했지만, 정작 가난한 사람들의 삶을 나아지게 하지는 못했다. 오히려 복지지원금을 받으려고 경제활동을 포기하는 사람들, 그래서 평생 지원금으로만 간신히 삶을 영위하는 사람들만 급증했다.

이런 오바마 정부의 실제 결과는 그 뒤를 이은 트럼프 정부와 극명하게 대비된다. 트럼프는 수많은 설화를 겪었다. 그러나 한 번도 가난한 사람을 위한 정책을 펼치겠다느니, 흑인의 삶을 나아지게 하겠다느니 하는 말은 하지 않았다. 트럼프가 가난한 사람에게 관심 없다는 건 누구나 안다. 그는 기업을 위한 정책을 펼쳤다. 소득세와 법인세를 낮추었다. 사업 활동을 독려했고, 사업체에 대한 국가 규제를 철회했다. 민주당과 좌파는 트럼프 정권에 대해 기업을 위한 정부, 부자를 위한 정부라고 강력히 비판했다.

그런데 이런 정권하에서 가난한 흑인의 삶은 최고로 좋아졌다.

트럼프 정권에서 흑인 빈곤율은 20% 이하로 떨어졌다. 거의 80년 만에 처음 나타난 수치이다. 흑인 실업률도 50년 만에 6% 이하로 떨어졌다.

트럼프 정권은 기업을 위한 정책을 시행했다. 그래서 기업이 늘고 일자리가 늘었다. 일자리가 늘면서 취업자도 늘었다. 일자리가 없던 흑인들이 취업하니 소득이 늘었다. 흑인 실업률은 떨어지고 삶의 질도 높아졌다. 그리고 소득격차도 줄었다.

오바마 정권에서는 소외된 계층, 흑인의 삶을 좋게 하겠다고 강력한 복지정책을 시행했다. 돈 있는 기업을 억누르고 사회적 약자를 위한 여러 조치를 시행했다. 트럼프 정권은 대놓고 친기업 정책을 펼치면서 사회적 약자 편을 드는 말은 한마디도 하지 않았다.

그런데 실제 사회적 약자들은 어느 정권에서 더 잘살게 되었나. 아이러니하게도 트럼프 정권에서 사회적 약자, 특히 흑인의 삶이 좋아졌다. 오바마 정권에서는 흑인들이 일자리를 잃고 경제활동을 포기했다.

사회적 약자를 위한다고 말하고, 정말로 사회적 약자를 위해 진심으로 일한다고 그들의 삶이 실제 나아지는 것은 아니다. 기업과 부자를 위한 정책을 실행한다고 실제로 사회적 약자가 어려워지는 것은 아니다. 오바마와 트럼프 시대의 대비가 그러한 패러독스를 잘 보여준다.

가혹한 자본주의
vs 푸근한 자본주의

2024년 노벨경제학상 수상자 아세모글루 교수는 가혹한cutthroat 자본주의와 푸근한cuddly 자본주의를 제시했다. 자본주의에서 성장과 평등 사이의 패러독스를 다룬 것이다.

경제 성장은 어떻게 발생하는가? 현재 경제 이론에서 경제 성장의 원인은 분명히 발견되었다. 기술 혁신이다. 물론 노동과 자본 등 요소도 경제 성장의 주요 원인이기는 하다. 보다 많은 사람이 열심히 일하면 성장할 수 있고, 자본을 더 투입해도 성장할 수 있다. 꼭 노동과 자본을 더 투입하지 않더라도 일하는 방식, 자본 투여 방식 등을 개선해도 성장이 이루어질 수 있다. 그런데 여기에는 한계가 있다. 한 나라에서 노동에 투여할 수 있는 인구수에는 한계가 있다. 농업 사회에서는 실질적으로 일하지 않는 사람이 상당히 많다. 이들이 공장에 가서 일하기 시작하면 경제가 발전한다. 그러나 사회가 발전하면서 노는 사람이 거의 없어지고 대부분 사람이 일하게 되면 더 이상의 경제 성장은 어렵다.

자본도 마찬가지이다. 집 구들장 밑에 쌓아둔 돈을 은행에 저금하면 자본이 만들어지면서 경제가 성장한다. 그러나 모든 돈이 은행에 예치되면 더 이상 자본이 쉽게 늘지 않는다. 노동과 자본이 정체되면서 성장률이 낮아진다. 개발도상국이 처음에는 크게 발전하다가 어느 수준이 되면 더 이상 발전하지 못하고 정체되는 이유이다.

노동과 자본이 대부분 사용되는 선진 사회에서 더 발전하기 위해 필요한 것이 기술 혁신이다. 사회에서 노동과 자본에는 상한선이 존재하는데, 기술 혁신에는 상한선이 없다. 그래서 선진국의 경우에는 기술 혁신을 얼마나 잘하느냐가 그 사회의 발전을 결정짓는다. 기술 혁신이 계속 이루어지는 사회는 발전하는 것이고, 그러지 못하면 정체 사회, 침체 사회가 된다.

그런데 기술 혁신이 이루어지기 위해 필요한 것은 무엇일까? 기술 혁신은 성공률이 굉장히 낮다. 신기술을 개발하려다 실패하면 전 재산만 날리는 것이 아니라, 인생 자체가 낙오될 수 있다. 그런 위험에도 불구하고 혁신에 도전하는 사람이 많아야 한다. 그러기 위해 필요한 것이 높은 보상이다. 실패 확률이 높더라도, 만에 하나 성공했을 때 엄청난 부와 명예를 얻을 수 있다면 사람들은 도전한다. 그 과정에서 실패자가 많이 나오고, 어쩌다 소수의 성공자가 나온다. 다수의 실패자는 재산을 잃고 소수의 성공자는 엄청난 부를 이룬다. 당연히 낙오자는 많아지고 빈부격차는 심해진다. 그 대신 계속 새로운 기술이 나오고 사회는 계속 성장할 수 있다.

이런 시스템으로 계속 기술 혁신이 이루어지게 하고 성장하려는 자본주의가 가혹한 자본주의이다. 가난한 사람, 실패자에 대한 배려가 적고, 성공한 사람만 우러러본다. 빈부격차가 크고 사회 하류층은 살기가 어렵다. 이런 시스템을 가진 대표적인 국가가 미국이다. 미국은 세계에서 가장 부자 나라지만, 가난한 사람이 많고, 의료보험도 제대로 보장되지 않는다. 재해를 당해도 국가가 거의 보상해주지 않는다. 그런 나쁜 사회이면서도, 현재 세계를 이끄는 혁신과 기술이 대부분 미국에서 나온다. 인터넷, 스마트폰, 전자결제, 에어비앤비, 우버 등 현재 우리 생활을 바꾼 기술과 서비스만이 아니라, 앞으로 미래를 이끌어갈 것으로 예상되는 전기자동차, AI, 양자 컴퓨터 기술이 모두 미국에서 개발되고 사업화되었다. 첨단 기술 혁신을 추구하는 활기찬 사회이지만, 국민의 평등한 생활과 사회보장은 거의 돌보지 않는다. 가혹한 자본주의의 장점과 단점을 모두 적나라하게 보여주는 나라가 현재의 미국이다.

이에 반해 푸근한 자본주의는 가난한 사람, 실패자를 배려하는 자본주의이다. 평등한 사회를 지향해 사회보장 제도가 잘되어 있다. 기업은 직원을 해고하기 어렵고, 설사 직장을 잃더라도 실업보험이 잘되어 있어 사는 게 그리 어렵지 않다. 사회안전망이 잘 갖추어져 있어 재해를 당해도 돈이 없어 힘들어지지는 않는다. 다른 사람보다 생활 수준이 좀 떨어질 수는 있어도 충분히 큰 어려움 없이 살아갈 수 있다. 이렇게 평등을 강조하다 보니 누가 성공했다고 큰 보상을 주지는 않는다. 사회의 자금이 사회안전망으로 몰리다 보니 별 필요도 없어 보이는 사업에 큰돈을 지원하지 않는다. 그래서 혁신이 이루어지지 않는다. 새로운 기술이 개발되지도 않고, 개발되더라도 상용화될 정도로 발전하지 않는다. 이런 사회에서는 새로운 기술을 스스로 개발하기보다 다른 나라에서 개발한 기술을 들여온다. 보통 가혹한 자본주의에서 개발되는 신기술이 도입된다. 이 사회는 언제까지나 가혹한 자본주의 사회를 모방하고 뒤따를 수밖에 없다.

이런 푸근한 자본주의의 대표적인 곳이 유럽이다. 유럽은 복지제도가 잘되어 있다. 평등을 지향하고 빈부격차가 적다. 그 대신 새로운 기술이 개발되지 않는다. 유럽은 아이폰을 사용하고 구글로 검색하고 구글맵으로 여행을 다닌다. 페이스북, 인스타그램으로 소통하고 유튜브, 넷플릭스를 본다. 모두 미국에서 만들어진 것이다. 유럽은 과거에는 몰라도 현대에 들어서서는 유명한 자체 신기술 기업이 없다. 모두 미국 것을 들여와 쓰고, 아니면 미국에서 만들어진 것을 모방해서 사용한다. 개도국이라면 모를까, 선진국 수준에서 다른 나라를 따라가고 모방만 해서는 큰 발전을 이루기 힘들다. 그래서 유럽 국가들의 성장률은 계속 떨어지고 있다. 변화가 없는 정체 사회가 되어가고 있는 것이다.

가혹한 자본주의와 푸근한 자본주의. 둘 중 어느 것이 더 좋을까? 단번에 푸근한 자본주의가 더 좋다고 대답했다면 한국의 경우를 생각해보자. 한국은 이제 개도국에서 선진국으로 들어가는 와중이다. 그래서 앞으로 가혹한 자본주의로 갈 것인지, 푸근한 자본주의로

갈 것인지를 정해야 한다. 푸근한 자본주의에서는 현재 한국이 겪고 있는 빈부격차 문제가 많이 해결될 것이다. 빈곤으로 고통받는 일도 감소할 것이다. 그런데 세계에 자랑할 만한 대기업은 없을 것이다. 삼성전자 반도체도 없고, 현대 자동차도 없다고 봐야 한다. 케이팝, 케이드라마도 없고, BTS 같은 세계적인 아이돌 그룹도 없다. 모두 가혹한 자본주의에서 혁신을 위한 대규모 투자를 통해 나오는 것들이다. 이런 부문에 대한 대규모 투자가 없는 푸근한 자본주의에서는 세계적 히트 상품이 나오지 않는다. 푸근한 자본주의로 유명한 북유럽 등에서 최근에 이런 세계적인 히트 상품이 나온 게 있던가?

빈부격차가 없고 사회안전망이 잘된 사회가 좋아 보인다. 하지만 〈오징어 게임〉, BTS, 블랙핑크, 삼성 반도체, 현대 자동차가 없는 한국은 너무 심심하지 않나? 빈부격차가 좀 있더라도, 어려운 사람이 있더라도 한류스타, 한류 드라마, 한류 음식이 유명해지고, 해외에 나갔을 때 삼성, 현대 등 간판이 여기저기 많이 보이는 게 더 낫지 않을까?

우리는 미국이 세계 최강대국, 가장 부자 나라이면서도 가난한 자들에 대한 배려가 거의 없다고 비판한다. 하지만 미국은 사회 에너지를 혁신에 쏟아붓고 있다. 그래서 AI, 엔비디아, 테슬라, 우주산업, 클라우드, 구글, 넷플릭스 등 세계를 바꾼 기술과 기업이 계속 나오고 있다. 반대로 사회 약자를 보호하는 데 많은 국력을 쏟고 빈부격차 해소와 평등을 지향하는 유럽 국가들은 단지 미국의 혁신을 모방하고 따라가기만 한다. 이 양자 사이의 패러독스를 알고 있자. 그리고 가혹한 자본주의와 푸근한 자본주의의 장점만 딴 새로운 자본주의, 혼합형 자본주의를 추구하면 되지 않느냐고 하지도 말자. 그걸 동시에 할 수 있었다면 미국이나 유럽이 애초에 했을 것이다.

2장

ECONOMICS
PARADOX

가난한 사람을 위하는 정책의
패러독스

전 국민 재난지원금의 효과

코로나19 사태가 발생했던 2020년, 2021년, 재난지원금에 대한 논쟁이 벌어졌다. 경제가 셧다운되고 많은 음식점의 매출이 급감했다. 자영업자들은 어려움에 빠졌고, 일용직과 아르바이트생들도 직격탄을 맞았다. 전례 없는 경제 재난기에서 국민들에게 재난지원금을 지급하자는 방안이 제시되었다.

여기에 대해서는 특별히 찬반 논란이 생기지 않았다. 코로나 위기 상황에서 분명히 필요했다. 문제는 어느 수준까지 지급해야 하느냐였다. 정말로 소득이 낮은 계층, 코로나로 직격탄을 맞은 계층에 대해서만 지급해야 할까, 중산층과 고소득층에도 지급해야 할까? 정말로 필요한 사람들에게만 지급해야 한다는 주장이 있었고, 최대한 많은 국민에게 지급해야 한다는 주장도 있었다. 결국 한 번은 국민 모두에게 지급했고, 이후 최상위 소득층을 제외하고 지급했다. 하지만 이때 제외된 비중이 워낙 적어 사실상 대부분 국민에게 지급된 것이다.

국민 모두에게 재난지원금을 주면 누이 좋고 매부 좋은 일 아닌가. 그런데 왜 지원대상 확대에 반대하는 사람들이 있었을까. 그 이유는 전국민 지급이 당장 좋아보일지 몰라도 결국 빈부격차를 심화시킬 수 있기 때문이다.

코로나 팬데믹 때의 재난지원금이 결국 어떤 효과를 보였는지 살펴보자. 재난지원금을 지급하면서 음식점 매출이 급증했다. 먹을 것이 부족했던 사람들은 재난지원금으로 배를 채웠고, 중산층은 평소에 먹기 힘든 좋은 음식을 사 먹었다. 갈빗집, 한우집 매출이 급증했다. 즉 그 많은 돈이 음식점 주인에게 간다. 음식점을 하는 사람은 그 돈으로 식재료 값을 지불하고, 종업원에게 임금을 준다. 식재료 업자는 그 돈을 운반업자에게 지불한다. 운반업자는 그 돈으로 주유소 기름값을 낸다. 주유소 사장은 그 돈으로 종업원 임금을 지불하고, 종업원은 그 돈을 생활비로 지출한다. 이런 식으로 돈이 계속 다른 사람에게 이전된다.

그런데 그렇게 돌던 돈이 어느 순간 멈춘다. 지금 당장 돈이 필요하지 않은 사람 손에 들어갔을 때이다. 이미 돈이 충분해서 추가로 돈이 들어와도 별로 쓸 일이 없는 사람이다. 지금 가지고 있는 돈으로 충분히 소비 생활을 하고 있기에 돈이 더 들어왔다고 더 쓰지는 않는다. 재난지원금은 계속 돌고 돌다가 어느 순간 이런 사람들, 즉 부유층의 손에 들어간다.

이들은 그 돈으로 무얼 할까? 일단 통장에 쌓아둔다. 그런데 돈이 있는 사람들은 그냥 예금으로 두지 않는다. 주식을 산다. 돈이 더 많은 사람은 부동산을 산다. 주식, 부동산 시장에는 아무런 변화가 없는데 이를 사는 돈이 더 많아진다. 공급은 그대로인데 수요가 증가하니 주식 가격은 오른다. 부동산 가격도 오른다.

2020년 코로나19 사태로 경제는 굉장히 안 좋아졌다. 상식적으로 생각하면 주식, 부동산 가격은 떨어져야 한다. 하지만 2020년, 2021년 코로나 경기 속에서 주식과 부동산 가격은 폭등했다. 한국만 주식과 부동산이 오른 것이 아니다. 전 세계적으로 주식과 부동산이 폭등했다. 모든 국가에서 국민에게 엄청난 지원금을 풀었기 때문이다. 주가를 띄우려고 국가가 돈을 풀지는 않았다. 어디까지나 코로나로 소득이 없어진 사람들을 돕기 위해 돈을 풀었다. 하지만 그 돈은 돌고 돌다가 결국 여유가 있는 사람의 손으로 들어간다. 결국 그 돈이 주식, 부동산으로 가면서 전 세계 자산 가격이 폭등한다.

이 시기 동안 대부분 국가에서 주식이 2배 이상 올랐다. 부동산도 몇십 퍼센트 올랐다. 주식이나 부동산을 많이 가진 사람은 부유층이다. 그들의 재산이 크게 늘었다. 이에 비해 보통 사람들의 수입은 코로나로 줄거나 제자리걸음이었다. 현대사회의 주요 문제인 빈부 격차가 더 커진 것이다.

모두에게 준 재난지원금을 대부분의 국민은 더 잘 먹는 데 사용했다. 대신 부자들은 주가 폭등, 부동산값 폭등의 호기를 맞았다. 일반 국민의 맛있는 한 끼와 부자의 재산 가치 급등과 맞바꾼 것이다. 그리고 부동산값 폭등은 단지 부자의 재산이 늘어난 것으로 그치지 않는다. 부동산값이 오르면 전세, 월세도 오른다. 집을 사려던 사람이 타격을 받고, 집 없는 사람은 증가한 전세금, 월세를 부담해야 한다. 집값이 1억 원 오르면 월세가 20~30만 원 오른다.

지금 정부가 모든 국민에게 지원금 100만 원을 준다고 하면 찬성할까 반대할까. 당연히 보통의 사람들은 찬성이다. 공짜로 100만 원을 준다는데 반대할 사람이 있을까? 그런데 이 지원금으로 부자는 주식, 부동산 폭등으로 돈을 더 벌 수 있다고 하면 어떨까? 나는 갈비 한 짝을 먹고, 부자는 몇억이 넘는 돈을 번다면, 그래도 찬성일까? 나아가 몇 년 후 집값이 1억 원 오르고 월세가 20~30만 원 오른다고 하면 그래도 지원금 지급에 찬성할 수 있을까? 그래도 지금 당장 먹을 것이 없어 어려운 사람에게는 필요할 것이다. 하지만 당장 굶을 정도가 아닌 사람이라면 쉽게 찬성할 수가 없다.

이런 지원금의 효과는 바로 나타나지 않는다. 시간이 걸린다. 그래서 보통의 사람들은 지원금 지급과 월세 상승을 연결 짓지 못한다. 하지만 정부가 돈을 뿌리는 효과를 연구하는 경제학자들은 이런 메커니즘을 잘 안다. 그래서 반대한다. 가난한 사람들을 고려하지 않아서, 세금을 아끼기 위해서 반대하는 것이 아니다. 전 국민 지원금을 반대하는 사람들은 기득권을 보호하기 위해서 반대하는 것이 아니다. 사회의 빈부격차가 증대되는 것을 막기 위해서, 그리고 나중에 인플레이션으로 가난한 사람이 더 큰 어려움을 겪는 것을 막기 위해서 반대한다.

기득권자, 부자의 이익을 증대시키려면 오히려 전 국민 지원금에 찬성해야 한다. 모든 국민에게 지원금을 주면 기득권자, 부자는 더 큰 돈을 벌 수 있다. 가난한 사람을 위하는 길이라며 전 국민 지원금을 주장하는 사람은 사실 부자가 더 큰 부자가 되도록, 빈부격차가 더 커지도록 애쓰는 것이다.

지원금은 정말로 어려운 사람들에게만 지원해야 한다. 그래야 실제 가난한 사람을 도우면서도 부자를 더 부자로 만드는 효과를 극소화할 수 있다. 굶지 않게 하는 지원금이 아닌 보다 잘 먹게 하는 지원금은 부자를 더 부자로 만들 뿐이다.

기본소득의 패러독스

최근 한국은 기본소득 논쟁이 한창이다. 한 정치인이 기본소득을 주장하면서 기본소득을 해야한다는 주장과 이에 반대하는 주장이 부딪히고 있다. 기본소득을 주장하는 이유는 분명하다. 소득이 없는 사람, 가난한 사람에게도 먹고살 수 있는 충분한 돈을 주자는 것이다.

그런데 정말로 먹고살 돈이 있는지 없는지 어떻게 알 수 있나? 소득이 있나 없나를 따지면 되나? 그런데 겉으로는 소득이 있지만, 소득이 없는 부모님을 부양하느라 실제 쓸 돈이 하나도 없는 사람도 있다. 200만 원을 벌지만 자녀가 서너 명이라면 먹고사는 게 힘들다. 또한 직장이 없어 소득은 없는데 이미 가진 재산이 충분해 먹고 살 걱정이 없는 사람도 있다. 본인은 소득이 없지만, 부모나 형제자매가 돈이 있어서 먹고살 걱정이 없는 사람도 있다.

그러면 재산도 같이 따져서 재산이 많은 사람에게는 돈을 주지 않으면 되지 않을까? 그런데 재산의 가치를 평가하기는 정말 어렵다. 조상 대대로 물려받은 땅을 가지고 있으면 재산이 많은 것 같지만 실제 돈은 없다. 시골에 다 쓰러져가는 오두막 한 채와 별채만 가지고 있으면 분명 가난한 사람이지만, 서류상으로는 1가구 2주택자가 되어 규제 대상이 된다. 집도 없고 소득도 없지만 전세 30억 원집에 사는 사람은 누가 봐도 돈 있는 사람으로 보인다. 하지만 서류상으로는 소득 없는 무주택자이다. 소득과 재산을 따져서 기본소득을 지급한다면 실제로는 먹고살기 힘든데 정작 지원을 받지 못하는 사람들이 많이 나온다. 마찬가지로 충분히 먹고살 수 있는 사람인데도 지원금을 받는 사람도 많이 나온다. 이런 걸 서류상으로 다 검토해서 주려면 그 검토 작업, 판정 작업에만 엄청난 인력과 시간이 소요된다. 차라리 그냥 모든 국민에게 지원금을 주는 게 더 낫다.

모든 국민에게 기본소득을 지급하자고 주장하는 사람들은 자신들을 가난한 사람을 배려하는 정의로운 사람이라 생각한다. 기본소득을 반대하는 사람들은 정부의 돈이 가난한 사람에게 사용되는 것을 싫어하는 것이라고 주장한다. 그러면 기본소득을 반대하는 사람들은 정말로 기득권을 대변하기 때문에 기본소득에 반대하는 것일까? 그럴 리가 없다. 반대하는 사람들은 주로 경제학자, 연구자, 복지 전문가들이다. 그리고 그들은 기득권으로 보기가 힘들다. '나는 부자들을 위해 연구해야지'라는 생각을 가진 학자는 없다. '가난한 사람을 돕기 위해 연구해야지'라고 생각하는 학자는 아주 많다. 돈이 부족한 사람에게 정말 도움이 안 되는 정책이기 때문에 그들은 반대하는 것이다. 오히려 돈 없는 사람이 더 어렵게 될 가능성이 큰 정책이기 때문이다.

일단 먼저 이야기해두자. 필자 본인은 기본소득에 찬성이다. 기본소득이 주어지면 모든 국민이 굶어 죽을 걱정은 하지 않아도 된다. 지금은 직장에서 잘리면 먹고살 길이 없다. 그래서 부당한 업무를 요구받고 위법적인 일을 하라고 해도 어쩔 수 없다. 기본소득을 받는다면 이런 부당한 지시에 당당하게 싫다고 하고 그만두어도 된다. 범죄자 중에서도 먹을 것을 구하기 위해 훔치고 사기 치는 사람들이 많다. 최소한 먹고살기 위해 이루어지는 범죄는 없어질 것이다. 또한 새로운 사업을 하는 사람도 큰 부담 없이 자기 사업을 시도할 수 있다. 많은 사람이 사업을 하고 싶어 하면서도 하지 못하는 이유는 실패했을 때 완전히 망할 위험이 크기 때문이다. 기본소득이 주어지면 사업하다 망해도 생활을 영위할 수 있다. 결국 사업이 크게 활성화되면서 경제발전도 이루어질 것이다.

현실적으로 많은 사람이 생계유지 때문에 꿈을 포기한다. 화가가 되고 싶은데, 소설가가 되고 싶은데, 노래를 계속 부르고 싶은데 그거로는 먹고살기 힘들어서 포기하고 적성에 맞지 않는 일을 한다. 이런 사람들에게 기본소득이 주어지면 자기가 좋아하는 일만 하면서 평생 살아갈 수 있다. 모든 국민에게 기본소득이 주어지면, 그래서 먹고살 걱정이 없어지면 그것만큼 좋은 사회가 없다고 생각한다. 기본소득 사회는 내가 그리는 이상적 사회이다.

나는 원칙적으로 기본소득 찬성자이다. 하지만 지금의 한국에서 기본소득을 시행하는 것에는 찬성할 수 없다. 무엇이 문제일까. 간단하다. 그럴 돈이 없다. 2025년도 정부 예산안은 673조 원이다. 한국의 인구는 2023년 기준 5170만 명이다. 정부 예산 전체를 한국의 인구로 나누면 1300만 원이다. 지금 정부 예산 모두를 기본소득으로 사용하면 국민 1인당 월 108만 원씩 지불할 수 있다. 군대, 경찰을 모두 해산하고 국회, 법원을 모두 해산하고 항만, 공항도 운영하지 않고 학교, 유치원도 운영하지 않고, 도로도 짓지 않으면 월 108만 원씩 기본소득을 지급할 수 있다. 그런데 국가와 사회가 유지되기 위해서는 그럴 수가 없다. 군대, 경찰, 국가조직 유지와 도로 같은 사회간접자본 건설 및 운영 등 필수적인 업무는 해야 한다. 필수적이지 않은 업무, 기타 지원금을 모두 없애더라도 기본소득은 많아야 월 30만 원 정도밖에 줄 수 없다. 그런데 한 달 30만 원으로 살 수 없다. 앞에서 말한 기본소득의 장점, 월급쟁이가 부당한 지시에 따르지 않아도 되는 자유, 사업을 부담 없이 시작할 자유, 자기 꿈을 추구할 자유는 월 30만 원으로는 안 된다.

월 30만 원은 기본소득이 아니라 용돈이다. 이런 용돈을 모든 국민에게 지불하면, 앞에서 말한 재난지원금을 달마다 계속 지불하는 것과 동일해진다. 모든 국민에게 지급하는 재난지원금은 주식, 부동산 등 자산 가격을 오르게 해 빈부격차를 심화시킨다. 또 물가를 오르게 해서 가난한 사람의 실질 소득이 감소한다.

30만 원이 적은 돈이라 문제라면 정부가 국채를 발행해서, 즉 돈을 꿔서 1인당 100만 원 이상씩 주면 되지 않을까. 그렇다면 해마다

400조 원의 돈을 꾸어야 한다. 이는 불가능하다. 그래도 하겠다면 돈을 찍어낼 수밖에 없는데 전형적인 인플레이션 유발 정책이다. 빈익빈 부익부로 가는 가장 확실한 길이다.

기본소득은 국민이 일하지 않고도 먹고살 수 있는 금액을 지불할 때야 의미가 있다. 그리고 국민에게 그 정도 돈을 지불해도 정부가 별문제 없이 운영될 수 있을 정도로 돈이 충분해야 한다. 이런 기본소득이라면 필자는 적극 찬성이다. 내가 생각하는 이상 사회이다. 하지만 월 30만 원, 50만 원을 주는 기본소득은 물가 상승을 일으켜 가난한 사람이 결국 더 어려워진다. 정부가 돈을 찍어내면서까지 기본소득을 주는 건 최악이다. 가난한 사람을 위해 기본소득을 주는 건데, 그들은 더욱 어려워지고, 자산가의 재산은 더 늘어난다. 사실 현재 언급되고 있는 기본소득은 자산가들은 찬성하고 가난한 사람들은 반대해야 정상이다. 기본소득의 패러독스이다.

고율의 소득세가 유발하는
패러독스

사회의 빈부격차를 줄이기 위해 필요하다고 제시되는 방법 중 하나로 고율의 소득세가 있다. 지금 빈부격차가 증대되는 이유는 고소득자가 엄청난 돈을 벌기 때문이다. 연봉 수억 원, 수십억 원을 버는 사람이 많아지고 있다. 보통 사람들의 월급은 잘 오르지 않는데, 이런 고소득자의 수입은 더 빨리 증가하고 있다. 이들로부터 세금을 더 많이 걷으면 빈부격차가 감소할 것이다.

지금 한국의 소득세율은 다음 표와 같다. 연 10억 원을 버는 연봉자는 45%를 세금으로 낸다. 이건 국세이고, 여기에 지방세 10%가 붙어서 실질적으로는 49.5%가 세금으로 나간다.

이는 소득세만 말한 것이다. 건강보험, 국민연금 등이 추가되어 연 10억 원 정도 수입이라면 실제로 50% 가까이 세금이 나간다. 연 10억을 버는 사람이 50% 세금을 낸다 해도 연 실질 수령액은 5억 원이 넘는다. 설사 세금을 70%를 거두어도 연 수령액은 3억 원이

과세표준 구간	세율	누진공제	실제 세금 크기 (지방세 포함)
1200만 원 이하	6%	-	(1200만 원일 때) 790,000원
1200만 원 초과 4600만 원 이하	15%	108만 원	(4600만 원일 때) 7,590,000원
4600만 원 초과 8800만 원 이하	24%	522만 원	(8800만 원일 때) 23,230,000원
8800만 원 초과 1억 5000만 원 이하	35%	1490만 원	(1억 5000만 원일 때) 57,750,000원
1억 5000만 원 초과 3억 원 이하	38%	1940만 원	(3억 원일 때) 125,400,000원
3억 원 초과 5억 원 이하	40%	2540만 원	(5억 원일 때) 220,000,000원
5억 원 초과 10억 원 이하	42%	3540만 원	(10억 원일 때) 462,000,000원
10억 원 초과	45%	6540만 원	(20억 원일 때) 990,000,000원

다. 이런 사람은 세금을 많이 내도 충분히 잘살 수 있다. 그 돈으로 가난한 사람들을 지원하면 사회 전체적으로 더 좋지 않을까? 그래서 부자에 대한 소득세를 더 올리자는 주장이 나온다.

이런 주장은 현대에만 있던 것이 아니다. 부자에게 고율의 세금을 매기자는 건 오래전부터 있던 주장이다. 그리고 실제로 부자에게 높은 세금을 매겼었다. 1929년 대공황 이후 전 세계는 사회주의 물결이 휩쓸고 지나갔다. 모든 국가에서 부자에게 높은 세금을 물렸다. 1970년대까지 서구 몇몇 국가는 부자의 최고 세율이 90% 수준이었다. 1만 원을 벌면 9000원을 세금으로 가져갔다. 보통은 70~80% 소득세율을 유지했다. 한국도 부자의 세율이 90% 이상인 적이 있었다. 1961년 당시 이병철 삼성 회장은 쿠데타를 일으킨 박정희를 만난 자리에서, 실질세율이 100%가 넘어서 버는 것보다 더 세금을 내야 하고 이래서는 제대로 사업을 할 수 없다고 하소연했다.

1970년대까지 세계적으로 이렇게 높았던 소득세율은 1980년대부터 낮아졌다. 1980년대부터 시작된 신자유주의가 고소득자 소득세율 감소에 결정적 역할을 했다. 이는 부자들에게 더 많은 돈을 주기 위해서가 아니었다. 현대 민주주의 사회에서는 부자를 더 부자로 만들게 해주는 것 자체를 정책 목표로 삼는 국가가 없다. 부자의 세율을 낮춘 이유는 그래야 보통 사람들이 더 잘살 수 있기 때문이다.

보통의 근로자들은 월급을 받아 산다. 정책을 만들고 집행하는 공무원도 월급을 받아 생계를 유지한다. 근로자, 월급생활자의 특징은 돈을 더 많이 받으나 덜 받으나 일하는 시간은 같다는 점이다. 근로자는 하루 근무시간, 한 달 근무시간, 일 년 근무시간이 정해져 있다. 9시에 출근해서 오후 6시에 퇴근한다. 월급을 조금 덜 준다고 일하는 시간이 줄지는 않는다. 월급을 조금 더 준다고 일하는 시간이 느는 것도 아니다. 일하는 질이 좀 달라질 수는 있다. 하지만 월급의 증감과 관계없이 기본적으로 일하는 시간은 동일하다.

마찬가지로 근로자의 세금을 올린다고 일하는 시간이 줄지 않는다. 1000만 원 월급을 받고 있는데 세금이 200만 원에서 500만 원으로 올랐다고 일하는 시간이 줄지 않는다. 세금이 700만 원으로 올라서 실수령액이 300만 원으로 감소하더라도, 근무시간은 같다. 자기와 가족이 먹고살기 위해서는 세금이 올라도 그냥 계속 똑같이 일해야 한다. 즉 세금이 오른다고 생산성과 생산량이 크게 감소하지는 않는다.

부자들에게 세금을 더 걷겠다며 소득세율을 70%, 80%로 올린 사람들은 월급을 받고 살아왔던 정치가, 공무원이었을 것이다. 자기들은 세금과 관계없이 똑같이 일하니, 부자들도 세금을 70%, 80% 올려도 똑같이 일할 줄 알았을 것이다. 하지만 월급으로 살지 않는 부자들은 다르다. 소득세율이 어느 이상으로 오르면 그냥 일을 하지 않는다. 일해서 돈을 더 벌려고 하지 않고, 그냥 있는 재산으로 살아가려 한다. 일을 해서 돈을 벌어봤자 세금으로 모두 빼앗기니 일할 필요가 없다.

문제는 정말 돈이 있는 사람들이 하려는 일이 무엇이냐이다. 몇 십억 원이 넘는 자산을 가진 사람이 있다고 하자. 이 사람이 뭔가 일을 해보려 할 때는 어느 회사에 직원으로 취직해 일하려는 것이 아니다. 이런 자산가는 보통 회사를 차린다. 사무실을 얻고 직원을 채용해서 무언가를 해보려고 한다. 투자가 발생하고 고용이 이루어진다. 자산 규모가 크면 대규모 채용이 발생하고, 이를 통해 보통 사람들은 일자리를 얻고 소득이 생긴다.

그런데 이때 소득세율이 80%가 넘는다고 해보자. 자기 자산으로 뭔가 사업을 벌여서 돈을 벌면 세금으로 다 내고 끝나버린다. 만약 사업에 실패라도 하면 완전히 망하는데, 성공해보았자 손에 쥘 돈이 별로 없다. 그러니 사업을 시작하지 않는다. 그냥 있는 돈으로 놀면서 편하게 산다. 망하건 말건 돈을 벌건 말건 나는 이 일을 꼭 하고 싶다는 경우에만 무언가 시작한다. 그 정도로 열중하는 일이 아니라면 그냥 포기한다.

1970년대 세계 경제가 침체하고 활력이 사라진 이유는 새로운 사업이 생기지 않아서이다. 그러니 변화가 없고 일자리도 없었다. 새로운 사업이 생기지 않는 이유 중 하나는 바로 이 고율의 소득세이다. 사업을 할 돈이 있는 사람이 세금 때문에 사업을 하지 않고 일하지 않는다. 일하지 않으니 소득도 없고 세금도 없다. 부자들에게 소득이 없는 것은 괜찮다. 문제는 보통 사람의 소득도 없어진다는 것이다. 사업체가 계속 생겨나야 일자리가 느는데 그러지 않으니 일자리가 늘지 않는다. 이것이 고소득자에 대한 고세율의 부작용이다.

고소득자의 세율을 낮추면 부자들이 새로이 사업을 시작한다. 손해 보는 사람도 있겠지만 성공하는 경우도 있다. 그러면 사업장이 늘어나면서 보통 사람, 가난한 사람이 그만큼 일자리를 얻는다. 월급이라는 소득이 생기는 것이다.

부자가 돈 버는 꼴을 보기 싫으면 고율의 소득세를 매기면 된다. 대신 보통 사람의 삶은 어려워진다. 반대로 보통 사람이 보다 많이 벌게 하려면 부자에게 고율의 소득세를 매기면 안 된다. 그러면 보통 사람의 삶은 나아지겠지만 부자는 더욱더 부자가 될 수 있다. 그러니 선택해야 한다. 부자가 돈을 못 벌게 하는 게 목적인지, 가난한 사람의 소득을 올리는 게 목적인지. 이에 따라 고세율 정책에 찬성하느냐 반대하느냐가 갈라진다. 가난한 사람의 소득을 높이는 데 부자 고세율 정책은 방해가 된다.

저소득 근로자를 더욱 어렵게 만드는 최저임금제

경제의 패러독스와 관련해 대표적 사례로 거론되는 것이 최저임금제이다. 최저임금제는 말 그대로 정부가 국민의 최저임금을 정하고 그보다 낮은 임금을 불법화하는 것이다. 2025년 현재 한국의 최저임금은 시간당 10,030원이다. 이보다 낮은 임금을 지불하면 불법이 되어 사업주는 처벌을 받는다.

최저임금제를 시행하는 이유는 근로자를 보호하기 위해서이다. 원칙적으로 임금은 사업자와 근로자 간 협상으로 결정된다. 사업자는 얼마를 줄 테니 우리 회사에 와서 일해달라고 근로자에게 제안하고, 근로자는 얼마를 주면 회사 직원으로 일하겠다고 제안한다. 사업자와 근로자가 서로 제시하는 금액이 다르면 협상을 하고, 체결되면 그 임금을 받고 일한다.

문제는 이런 협상에서 사업자와 근로자가 대등한 위치가 아니라는 점이다. 근로자는 먹고살 돈을 벌기 위해 일자리가 필요하다. 사업자는 사업을 운영하기 위해 근로자가 필요하다. 둘 다 서로를 원하기는 하는데 근로자가 훨씬 더 사업자를 필요로 한다. 사업자는 근로자가 없으면 사업이 잘 안 돌아가겠지만, 근로자는 자기를 고용해주는 사업자가 없으면 가족이 모두 굶게 된다. 또 어떤 사회에서든지 사업자는 소수이고 근로자는 다수이다. 협상에서는 소수인 편이 그리고 덜 긴박한 쪽이 힘을 가진다. 그래서 임금 협상의 주도권은 사업자에게 있기 마련이다. 사업자는 이런 파워를 이용해 임금을 후려칠 수 있다. 말도 안 되는 낮은 임금을 주면서 근로자를 고용할 수 있다. 근로자는 이 임금이 말이 안 된다는 것을 알고도 지금 당장 먹고살 돈이 부족해서 받아들인다. 근로자는 사업주에게 소위 말하는 착취를 당할 수 있다.

이런 부당 행위를 막고 근로자를 보호하기 위해 만든 제도가 최저임금제이다. 최저임금제에서 사업주는 일정 수준 이상의 임금을 지불해야 한다. 이 일정 수준의 임금은 보통 시장에서 형성되는 금액이다. 시장임금보다 낮은 임금을 금지하는 최저임금제는 분명 근로자를 위한 제도이다.

그런데 문제가 있다. 최저임금제는 원래 시장임금 수준보다 낮은 임금을 주는 것, 즉 임금 착취를 막기 위한 제도이다. 그런데 국가에 따라 착취를 막는 제도가 아니라 근로자의 복지를 증진하려는 제도로 활용하려는 경우가 있다. 최저임금을 올리면 사회의 다수인 근로자의 소득이 증가한다. 회사별로 협상하고 할 필요도 없고, 힘들게 생산성을 올리거나 할 필요도 없고 그냥 최저임금만 올리면 대부분 근로자의 소득이 증가한다. 근로자의 전반적 소득을 올리는 데 최저임금 상승만큼 간편한 수단이 없다. 그래서 근로자의 복지에 초점을 두는 정권, 근로자를 위한다는 정권에서는 최저임금 상승을 추진한다.

하지만 정말로 근로자의 삶이 더 좋아질까? 최저임금 상승의 효과에 대해서는 거의 모든 경제학 교과서에 나와 있다. 최저임금이 시장임금을 넘어설 때 발생하는 효과는 경제 분석의 기초이다. 경제학 교과서에서 말하는 최저임금 상승 효과를 살펴보자. 시장에서 공급 곡선 S와 수요 곡선 D가 만나는 점에서 근로자가 일한다. 이때 임금은 W_0이고, 일하는 근로자는 L_0명이다.

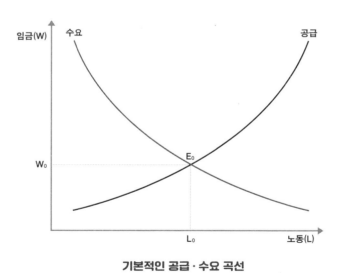

기본적인 공급·수요 곡선

이 임금이 시장임금이다. 그런데 정부가 근로자를 위한다는 명분으로, 근로자의 소득을 높여주기 위해 시장균형임금 W_0보다 높은 W_1의 최저임금제를 실시한다. 그러면 아래 그래프처럼 균형점이 E_0에서 E_1으로 이동한다.

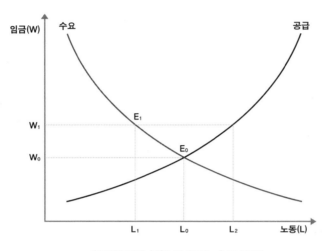

최저임금제 시행 시 공급 · 수요 곡선

E_1에서 임금은 최저임금인 W_1이다. 그리고 근로자 수는 L_1이 된다. $0 \sim L_1$에 해당하는 근로자들은 최저임금제하에서 임금이 W_0에서 W_1으로 오른다. 이들의 복지는 분명 더 좋아진다. 문제는 $L_0 \sim L_1$ 사이에 있던 사람들이다. 이들은 최저임금제가 시행되면서 직업을 잃는다. 고용주들이 비용을 부담할 수 없어 더 이상 고용을 하지 않는다. 이 사람들은 최저임금제가 실시되기 전에는 일해서 W_0의 소득을 얻었다. 그런데 최저임금제가 실시되면서 아예 일자리를 잃는다.

좋은 직장, 충분히 돈을 버는 사업체에서는 최저임금이 오른다고 해서 특별히 문제가 생기지 않는다. 문제는 한계기업이다. 간신히 사업을 유지해나가는 회사들은 최저임금 상승이 큰 부담이 된다. 괜찮은 직장에 다니는 근로자들은 별문제 없다. 이런 한계기업에서 일하는 근로자들이 일자리를 잃는다. 자영업자와 영세기업체에서 일하는 근로자들이 망하는 것이다.

이런 일자리에서 일하는 사람들은 근로자 중에서도 약자에 속한다. 최저임금제는 이런 약자에 속하는 근로자에게 피해를 준다. 잘 나가는 근로자, 좋은 직장에 다니는 근로자의 소득은 증가하지만, 근로자 중 약자에 속하는 사람들이 큰 손실을 본다. 근로자들 사이에서 빈익빈 부익부를 만들어내는 대표적 정책이 최저임금제 강화이다.

한국에서 최저임금은 최저임금위원회에서 결정한다. 근로자를 대표하는 근로자위원이 9명 참석한다. 이들은 항상 최저임금을 크게 올릴 것을 주장한다. 하지만 이들이 정말 근로자의 대표라고 생각해서는 곤란하다. 근로자위원들은 대부분 대기업 근로자, 정규직 근로자로 구성되어 있다. 최저임금이 오르면 이득을 보는 근로자들이다.

최저임금 상승은 비정규직, 일용직 노동자, 자영업에서 일하는 근로자에게 손실을 미친다. 가난한 사람을 위한다는 최저임금제가 사실은 사회에서 가장 약자인 근로자들에게 피해를 준다. 그래서 최저임금은 어디까지나 시장균형임금보다 낮은 임금을 주는 임금 착취를 막는 데만 사용될 필요가 있다. 근로자의 소득을 올려주겠다는 복지의 목적으로 최저임금을 올리면 어려운 근로자를 더욱 어렵게 만들 뿐이다.

최고가격제
― 프랑스대혁명과 최고가격제

국민을 위한다지만 사실상 피해를 주는 정책으로 최고가격제가 있다. 정부가 어떤 품목에 최고가격을 설정하면 시장에서는 이 가격 이하로만 매매할 수 있다. 정부가 제시한 최고가격을 초과하여 거래하면 처벌을 하는 것이다.

최고가격제는 보통 어떤 품목의 가격이 크게 상승하는 경우에 적용한다. 특히 식량 등 필수재 가격이 크게 오를 때 그렇다. 필수재 가격이 크게 오르면 국민의 실질 소득은 감소한다. 더구나 먹고사는 데 필요한 식량의 가격이 급등하면 살기가 힘들어진다. 정부는 이런 생필품 품목의 가격이 크게 오르면 생활 안정을 위해 최고가격제를 실시하고는 한다.

최고가격제는 실제로 자주 이루어진다. 단지 최고가격제라는 명칭을 사용하지 않기 때문에 익숙하지 않을 뿐이다. 분양가상한제, 대부업자의 이자율 제한법 등이 모두 최고가격제이다. 2020년 봄

코로나19 팬데믹이 발생하면서 닥친 마스크 대란 때도 가격 제한이 시행되었고, 2021년 요소수 사태 때도 가격 통제가 이루어졌다. 모두 최고가격제이다.

최고가격제는 가격을 안정시키고 나아가 국민의 생활을 안정시키는 것이 목적이다. 의도는 좋다. 그런데 여기에는 치명적인 부작용이 있다. 바로 생산자가 공급량을 낮춘다는 문제이다. 수요는 그대로인데 공급이 적어지니 가격은 오히려 상승한다. 공식 가격은 정부가 정한 최고가격이지만, 실제로 암암리에 거래되는 가격은 훨씬 높아진다. 물량은 모자라고 실구입 가격은 더 높아지니 최악의 결과가 된다.

가장 유명한 사례는 프랑스대혁명 공포정치 기간의 최고가격제이다. 1789년 프랑스대혁명이 일어났다. 왕을 쫓아내고 그동안 모든 권력과 부를 누렸던 귀족들을 쫓아냈다. 이 왕과 귀족 때문에 그동안 국민이 못살았기 때문이다. 그런데 대혁명이 발생한 지 몇 년이 지났는데도 국민의 삶은 나아지지 않았다. 오히려 더 못살게 되었다. 혁명의 패러독스였다.

가장 큰 문제는 물가 상승이었다. 빵, 우유, 고기 등 식량 가격이 폭등했다. 더 큰 문제는 이렇게 가격이 폭등했는데도 빵, 우유, 고기를 구하기 힘들어졌다는 점이다. 식료품점에 먹거리가 거의 들어오지 않았다. 시민이 식료품점을 습격하고 약탈하는 일도 계속 벌어졌다. 시민들은 빵을 구하기 위해 새벽부터 빵집 앞에 줄을 서야 했다. 꼭두새벽부터 사람들이 빵집 앞에 줄을 서는 것을 막기 위해 파리코뮌 평의회는 새벽 4시 전에는 사람들이 모이지 못하게 하는 명령을 내리기도 했다.

이런 생필품 물자 부족, 가격 폭등의 문제를 해결하기 위해 당시 국민공회는 최고가격제를 실시한다. 1793년 가을에 시행된 최고가격제는 곡식 전반뿐만 아니라 식용유, 종이 등 생필품 그리고 제조 원료까지 대상으로 하여 전국적으로 시행되었다. 1790년의 생산가를 기준으로 30%만 더 붙여 팔 수 있게 했다.

프랑스대혁명 공포정치 시기의 최고가격제 정책은 모든 물품에 적용되면서 대표적인 사례로 다루어졌다. 로베스피에르로 대표되는 공포정치 시기에는 사형이 엄청나게 많이 집행되었다. 정부의 지시와 방향에 따르지 않으면 반혁명 분자로 낙인찍고 바로 체포, 구속되었다. 1793년 4월부터 1794년 7월 말까지 약 15개월간 파리에서만 2600명 이상이 단두대에서 죽었다. 하루 6명 정도였다. 프랑스 전국에서는 약 4만 명이 사형으로 죽었다. 다른 국가, 다른 시기에서처럼 과태료나 벌금을 받고 끝나는 게 아니었다. 이런 공포스러운 분위기에서 최고가격제가 시행된 것이다. 모든 국민이 정부가 제시한 최고가격을 반드시 지킬 수밖에 없었다.

그래서 물가가 안정되었을까. 그렇지 않았다. 당시 정부는 시장에서 곡식, 생필품이 사라진 이유가 투기꾼, 매점매석꾼의 농간이라고 보았다. 부족하지 않던 생필품이 프랑스대혁명기를 거치면서 부족 현상을 보였다. 물건 자체가 부족한 게 아니다. 투기꾼과 상인이 더 높은 가격을 받으려고 농간을 부려서 그렇다. 그러니 이들을 찾아

내서 처벌해야 한다. 이들이 더 높은 가격을 받고 팔려고 해도 그럴 수 없도록 최고가격제를 실시해야 한다고 보았다.

이제 생필품 가격을 높게 부르면 사형을 당할 수 있다. 물건을 매점매석하고 숨겨놓아도 사형이다. 그러니 생필품이 시장에 많이 나올 것이고, 가격도 떨어질 것이다. 그런데 그런 현상은 생기지 않았다. 생필품 품귀는 오히려 심해지고 암거래가 늘었다. 암거래 시세는 최고가격보다 높아졌다. 결국 최고가격제로 프랑스 국민의 삶은 더 어려워졌다. 1794년 7월, 테르미도르의 반동으로 로베스피에르 정권이 몰락한다.

촉망받던 정권이 불과 15개월 만에 끝나고 로베스피에르와 지도자들이 단두대에 오른다. 그 주요 원인 중 하나가 최고가격제의 실패였다.

공포정치 시절, 정부 지침을 어기는 것은 죽음을 의미했다. 이렇게 강력히 시행된 최고가격제는 역사상 전무후무하다. 그런데도 실패했다. 경제의 대원칙은 공급이 부족하면 가격이 오른다이다. 투기꾼을 아무리 때려잡아도, 최고가격제를 어기면 사형에 처한다 해도 공급이 부족하면 가격은 오른다.

프랑스대혁명 공포정치 때의 최고가격제로 그 효과가 적다는 것이 알려졌다. 공식 가격은 최고가격으로 유지할 수 있어도 암시장이 나타나고, 품질이 저하되고, 실질 가격은 오히려 오르는 부작용이 생긴다. 하지만 여전히 최고가격제가 만들어지고 시행되고 있다. 한국에서도 아파트 가격에 대한 최고가격제인 분양가상한제가 여

전히 존재한다. 이런 정책들이 향후 긍정적인 결과를 가져올 것이
라고 보기는 어렵다.

상속세는 왜 문제가 될까

현재 한국의 많은 경제 이슈 중 상속세만큼 진보와 보수 측 견해가 다른 경우는 드물 것이다. 지금 한국의 상속세 체계는 다음과 같다. 1억 원을 상속하면 1000만 원을 내고 10억 원을 상속하면 2억 4000만 원을 세금으로 낸다. 30억이면 10억 4000만 원이고, 50억이면 20억 4000만 원을 상속세로 낸다. 30억이 넘어가면 재산의 반정도를 상속세로 낸다고 보면 된다.

과세표준	세율	누진공제
1억 원 이하	10%	-
1억 원 초과~5억 원 이하	20%	1000만 원
5억 원 초과~10억 원 이하	30%	6000만 원
10억 원 초과~30억 원 이하	40%	1억 6000만 원
30억 원 초과	50%	4억 6000만 원

상속세·증여세 세율

진보 측에서는 이 상속세 세율을 낮추는 데 반대한다. 오히려 상속세율을 높이자고 주장하기도 한다. 현재 빈부격차의 중요 요인 중 하나가 상속 재산이다. 상속을 많이 받은 사람은 부자가 되고, 상속이 적거나 없는 사람은 현재 재산 상태에서 벗어나기가 힘들다. 그런 상속은 부모의 재산 상태에 따라 결정될 뿐이다. 이런 우연적 요소로 쉽게 부자가 된다니 인정하기 어려운 일이다. 결국 빈부격차를 줄이고, 부자의 불로소득을 줄이려면 상속세를 높여야 한다. 최소한 지금보다 낮추면 안 될 것이다.

그런데 재미있는 점이 있다. 무엇보다 복지를 중요시한다고 인정받는 북유럽 국가들은 상속세가 거의 없다. 노르웨이, 스웨덴에는 상속세가 없다. 핀란드, 덴마크는 10%대이다. 이들 국가에서 처음부터 상속세가 없거나 낮지는 않았다. 1970년대에는 이 국가들도 지금의 한국처럼 상속세가 높았다. 하지만 결국 상속세를 폐지하거나 거의 없는 정도로 낮추었다. 복지정책 방향을 바꾸어서가 아니다. 지금도 여전히 대표적 복지국가들이다. 보수가 정권을 잡고 부자의 재산을 지키려고 상속세를 폐지하거나 낮춘 것도 아니다. 후진국이라면 모를까, 최소한 선진국 중에서 부자의 재산을 지켜주기 위해서 정책을 만들고 시행하는 나라는 없다. 그런데도 이들 국가가 그렇게 한 것은 상속세가 가난한 사람에게 도움이 안 되며, 오히려 해가 된다는 것을 알았기 때문이다.

높은 상속세율의 문제는 무엇일까. 가장 큰 문제는 진짜 부자이자 자본가라 할 수 있는 사업가들의 인센티브를 왜곡시킨다는 점이다. 여러분이 창업해서 사업을 시작한다고 하자. 성공적으로 운영하고 계속 돈을 벌면서 사업이 확장되고 있다고 하자. 이때는 상속세에 대해 아무 생각을 하지 않는다. 몇십억 정도 재산이 생겨도 상속세에 대해서는 관심이 없다. 그런데 50억 정도가 넘으면 생각하기 시작한다. 물론 아직 젊다면 그렇지 않지만 나이가 좀 들었다면 의식하기 시작한다. 재산이 100억 원이 되면 이제 상속세는 심각한 문제가 된다. 이대로 본인이 죽으면 자식들은 45억 원가량을 상속세로 내야 한다. 상속된 재산 중 그 돈이 다 현금일 수는 없다. 대부분은 공장, 기계, 사무실로 된 자산이다. 상속세를 내려면 이것들을 현금으로 바꿔야 한다. 그런데 쉽게 현금으로 바꿀 수가 없다. 내가 죽으면 결국 회사를 헐값에 팔아 치울 수밖에 없다. 죽은 후 전 재산이 날아가는 건 시간문제다.

어떻게 해야 할까. 이제 이 사업자의 우선 목표는 상속세 줄이기가 된다. 지금까지 수십 년 동안 일해서 1억, 10억, 50억, 100억으로 사업을 키워왔다. 계속 노력하면 앞으로도 더 키울 수 있다. 그런데 현재 100억 자산에서 사업으로 얼마를 더 벌 수 있을까. 100억을 더 벌 수도 있겠지만 사실 어렵다. 10%, 20% 수익을 내는 것도 현재 사정으로는 쉽지 않다. 그런데 상속세를 줄이면 어떻게 될까. 지금 100억이면 약 45억 상속세는 확정이다. 그러니 방법을 찾아 상속세를 내지 않으면 45억 원이 절약되는 것이고, 그러면 수익률이 45%가 된다.

앞으로 열심히 사업을 하면 10~20% 수익을 기대할 수 있지만 상속세 줄이기에 전념하면 45%까지 수익률이 나온다. 이 사업자가 앞으로 할 일은 사업 확장과 채용 확대가 아니다. 상속세 줄이기이다.

그렇다면 상속세를 줄이기 위해서는 어떻게 해야 할까. 사업을 확장하면 안 된다. 이익을 늘려도 안 된다. 현재의 기업 상속세 제도는 상속 후에 직원을 줄이면 상속 공제분을 모두 토해내도록 되어 있다. 따라서 미리미리 직원을 줄여놓아야 한다. 아무리 회사가 잘나가도 사람을 더 채용하면 안 되고, 이미 있는 직원도 가능한 만큼 내보내야 한다.

기업이, 사업자가 사업을 확대하고 고용을 늘리려 하지 않고 오히려 사업을 줄이고 고용을 감소시키려 한다. 상장기업의 경우 주가가 높으면 상속세가 늘어난다. 주가가 낮아야 상속세가 준다. 상장기업이 주가를 낮추려고 노력하는 기현상이 나타나는 것이다.

최근 한국 기업에서 일어나는 이해할 수 없는 일들이 바로 이런 상속세 문제 때문에 발생한다고 볼 수 있다. 박근혜, 이재용이 감옥 가게 되는 데 일조했던 삼성물산과 제일모직 합병도 상속 문제 때문에 시작되었다. 기업의 경쟁력 증대가 아니라 상속세 때문에 기업 간 합병, 분할이 계속 이루어지고 있다. 기업 발전이 아닌 지배주주의 상속세 줄이기에 초점을 맞추는 것이다.

보통 사람들의 일자리가 늘고, 자기 일을 열심히 하면서 성과를 내도록 하는 것이 제대로 된 사회이다. 그래야 상대적으로 가난한 사람의 경제 상황도 나아질 수 있다. 그런데 상속세가 높은 사회에서는 기업이 발전하려 하지 않는다. 일자리가 늘지 않고 오히려 준다. 일을 해도 현상 유지만 하거나, 오히려 이익을 줄이려는 쪽으로 한다. 이익이 감소하니 성과급도 보너스도 없다. 지배주주는 상속세가 감소해 이득이지만, 보통 직원은 받을 수 있는 돈을 받지 못해 손실이다.

사업체를 운영하지 않는 사람에게는 더 강력한 상속세 회피 방안이 있다. 상속세가 없는 나라로 국적을 옮기는 것이다. 이민은 돈이 없는 사람에게는 어렵다. 하지만 몇십 억 원의 돈이 있는 사람은 국적을 옮기기가 쉽다. 100억 원이 있는 사람은 국적을 옮기는 순간 약 45억 원의 세금을 줄일 수 있다. 결국 한국에 있던 100억 원이 외국으로 빠져나간다. 부자는 외국 국적을 가지고도 여전히 한국에서 거주하면서 잘살 수 있고, 외국으로 나가서도 잘살 수 있다. 하지만 한국에서 100억 원이란 자산이 빠져나가니 한국의 보통 사람이 그 돈을 빌려 활용할 기회는 사라진다.

유럽에서 발생한 일이 바로 이것이다. 사업체가 발전하려 하지 않으니 고용이 없다. 부자들이 국외로 나가버려서 국내에 돈이 없어진다. 그 피해는 모두 국내의 가난한 사람들에게 돌아간다. 부자를 괴롭히기 위해서는 상속세를 높여야 한다. 하지만 가난한 사람을 위해서는 상속세가 없는 게 더 낫다. 가난한 사람들을 위하는 북유럽 국가들이 상속세를 거의 폐지한 이유이다.

3장

ECONOMICS
PARADOX

정치경제학이 만드는
패러독스

제로섬 사회에서의
빈부격차 해소 방법

경제문제 해결 방안과 관련해 현재 이 사회를 어떤 시각으로 보고 있느냐가 중요하다. 이 사회를 제로섬 사회로 보느냐, 비제로섬 사회로 보느냐에 따라 해결 방안은 완전히 달라진다. 가난한 사람을 돕는 방법, 빈부격차를 해소하는 방법, 경제 성장을 추구하는 방식이 제로섬 사회인가 비제로섬 사회인가에 따라 크게 다르다.

제로섬 사회는 1980년, 미국 MIT 경제학자였던 레스터 서로 교수가 제시한 개념이다. 제로섬 사회는 사회적 이득의 총합이 0이 되는 사회이다. 사회의 생산량이 고정되어 있다. 그래서 누군가 이익을 얻으면 다른 누군가는 손실을 보아야 한다. A가 10의 이익을 얻었으면, 그 사회 내에서 누군가 반드시 10의 손실을 본 사람이 생긴다. B가 10의 이익을 얻고 C가 5, D가 5로 합 10의 손실을 보았을 수도 있다.

비제로섬 사회는 사회적 이득의 총합이 0이 아니라 플러스 또는 마이너스 상태가 될 수 있는 사회이다. 마이너스 상태는 사회적 총합이 계속 줄어드는 상태를 말하는데, 현대 경제는 전쟁 등 특수한 경우를 제외하고는 이런 경우가 거의 없다. 따라서 마이너스 비제로섬 사회를 상정하는 경우는 거의 없다. 보통은 플러스 비제로섬 사회를 이야기한다. 비제로섬 사회에서 사회적 이득의 총합이 20인 상태라고 하자. 그러면 A는 10의 이익을 얻고, B도 10의 이익을 얻을 수 있다. A는 10, B는 5, C는 3, D는 2로 모든 구성원이 이익을 얻는 것도 가능하다. 손해를 보지 않고 모두가 이익을 얻을 수 있는 사회가 비제로섬 사회이다.

제로섬 사회인가 비제로섬 사회인가에 따라 경제정책은 완전히 다르다. 제로섬 사회에서 빈부격차를 줄이는 정책을 실시한다고 하자. 이때 할 수 있는 방법은 단 한 가지이다. 부자의 재산을 뺏어서 가난한 사람에게 주는 방법이다. 사회의 총합이 0인 상태에서 누군가를 보다 낫게 하기 위해서는 다른 누군가를 보다 못하게 하는 방법밖에 없다. 가난한 사람에게 무언가를 주기 위해서는 부자에게서 거두어들이는 방법밖에 없다. 제로섬 사회에서는 계속해서 부자와 자본가를 공격한다. 자본가의 탐욕 때문에 가난한 사람들이 못살기 때문이다. 자본가들에게 세금을 더 부과하고, 이들의 이익을 제한하려 한다. 그래야 가난한 사람들의 몫이 증가한다.

사회주의의 시조인 마르크스는 자본가가 잘사는 이유는 노동자의 몫을 착취하기 때문이라고 했다. 노동자가 못사는 이유는 정당한 자기 몫을 자본가에게 빼앗기기 때문이라고 본 것이다. 그리고 노동자가 자기 몫을 제대로 받기 위해서는 자본가 계급이 사라져야 한다고 주장했다. 칼 마르크스의 이론이 정당한가 아닌가에 대해서는 많은 의견이 있지만, 어쨌든 마르크스의 이론은 제로섬 사회에 기반한 것이다. 제로섬 사회에서는 자본가도 나아지고 노동자도 나아질 수 없다. 자본가가 더 잘살게 된다는 것은 노동자가 더 못살게 된다는 것이고, 노동자가 더 잘살기 위해서는 자본가가 망해야 한다. 제로섬 사회라면 마르크스의 논리가 정당성을 가질 수 있다.

제로섬 사회에서는 산업 진흥 정책을 어떻게 볼까. 제로섬 사회에서는 새로운 사업이 이루어지면 안 된다. 이는 누군가가 돈을 더 벌기 위해 사업을 한다는 뜻이다. 이 사업자가 돈을 번다는 것은 사회의 누군가가 더 가난해진다는 의미이다. 빈부격차가 심해지고, 빈익빈 부익부 현상이 나타난다. 새로운 사업이 아무리 기존보다 좋은 상품과 서비스를 제공한다고 해도, 그 때문에 망하는 사람이 나온다. 다른 누군가를 희생해서 사업가가 돈을 버는 것이다. 이건 사회적으로 좋은 일이라 보기 어렵다. 따라서 새로운 사업을 실행하는 것은 금지할 일이다.

누군가 돈을 벌어 부자가 되려는 것도 좋은 것으로 볼 수 없다. 내가 부자가 된다는 것은 그만큼 다른 사람이 가난하게 된다는 의미이다. 돈을 벌려는 사람은 탐욕스러운 사람이고, 부자는 다른 사람을 희생시키는 나쁜 사람이 되고 만다.

한국에서는 전통적으로 부자를 안 좋게 보아왔다. 조선과 고려가 제로섬 사회였기 때문이다. 누가 부자가 되었다는 것은 그만큼 가난해진 사람이 생겼다는 뜻이다. 그러니 부자를 좋게 볼 리 없다. 한 국만이 아니다. 중세 유럽 사회도 경제 성장이 이루어지지 않는 제 로섬 사회였고 중국, 일본, 동남아 국가들도 마찬가지이다. 18세기 에 산업혁명이 이루어지기 전, 전 세계 경제 성장률은 연 0%대 제 로섬 사회였다. 제로섬 사회에서는 부자를 욕하게 되어 있다. 소수 의 부자 때문에 다수의 사람이 가난하기 때문이다. 재물에 욕심을 내는 것도 부정적으로 본다. 누군가 재물을 얻는다는 것은 다른 누 군가의 재물이 줄어든다는 의미이다. 전통 사회에서는 부자를 부정 적으로 보고, 재물에 욕심내는 것을 나쁘게 보았다. 제로섬 사회에 서는 그런 관점이 타당했기 때문이다.

제로섬 사회에서는 사회적 갈등이 심할 수밖에 없다. 그리고 변 화를 좋게 보지 않는다. 어려운 사람을 지원한다고 해보자. 그럼 반 드시 그로 인해 손해 보는 집단이 생긴다. 새로 번 수익의 일부가 아 닌 이미 가지고 있는 몫을 빼앗기기 때문이다. 반발하고 저항할 수 밖에 없다. 부자와 자본가만 반발하는 것이 아니다. 버스회사를 도 와주려 하면 택시회사들이 반발하고, 전통시장을 도와주려 하면 대 형마트 상인들이 반발하는 식이다. 누군가 돈을 벌면 나는 손해를 본다. 다른 사람이 돈을 벌지 못하도록 해야 나의 수입이 유지된다. 다른 사람이 무얼 하는 걸 반대할 수밖에 없다. 그래서 제로섬 사회 에서는 변화가 이루어지기가 힘들다. 변화는 그로 인해 이익을 보 는 사람과 손해 보는 사람이 나타난다는 뜻이다. 손해 보는 사람은 그런 변화를 결사적으로 반대한다.

학교에서 학생들의 성적에 비유한다면, 제로섬 사회에서는 학생들의 점수 총합이 1000점으로 고정되어 있는 것과 같다. 공부 잘하는 학생과 공부 못하는 학생의 점수 총합은 항상 1000점이다. 현재 A는 400점, B는 300점, C는 200점, D는 100점으로 1000점을 나누어 가지고 있다고 하자. 만약 A가 더 열심히 공부해서 500점으로 오르면 어떻게 될까. 그러면 B, C, D의 점수 총합은 600점에서 500점으로 떨어져야 한다. B, C, D는 A가 더 열심히 공부하는 것을 싫어하고 방해한다. 공부하지 말고 놀라고 설득하고 유혹한다. A가 점수를 더 받으면 자기들의 점수는 떨어진다. 공부를 가장 못하는 D가 이제부터 열심히 공부하려 하면 A, B, C는 축하해주고 독려할 수 없다. D의 성적이 오르면 자기들 성적이 떨어진다. 공부하려는 D를 비난하고 쓸데없는 짓을 한다고 욕하게 된다.

 선생이 보기에 D의 성적이 너무 낮아서 올려주려 한다 하자. D에게 150점을 주려 하면 A의 성적은 350으로 낮아져야 한다. A는 결사적으로 반대할 수밖에 없다. A의 점수와 상관이 없다면 D의 점수를 올려주는 데 찬성할 수 있다. 하지만 제로섬 체제에서는 자기 점수를 떼어서 주는 것이다. 400점으로도 자기가 원하는 대학에 갈 수 있을지 확신할 수 없는데, 그냥 50점을 떼주라는 말에 반발하고 만다. 그래서 제로섬 사회에서는 다른 사람을 돕는 것이 쉽지 않다. 누군가에게서 강제로 뺏어서 줄 수밖에 없다. 사회 갈등이 심화된다. 마르크스 사회주의 이론이 혁명론으로 연결된 이유이다. 제로섬 사회에서는 협상과 타협으로 문제해결이 잘되지 않는다. 사회를 뒤

집어엎는 혁명이 이루어져야 자본가로부터 노동자로 부의 이전이 이루어질 수 있다.

제로섬 사회에서 가난한 사람을 돕고 빈부격차를 줄이려면 자본가와 부자로부터 뺏어서 가난한 사람에게 나누어줄 수밖에 없다. 제로섬 사회의 복지정책은 이런 발상이다. 그런데 문제가 있다. 자본가와 부자로부터 재산을 빼앗아 가난한 사람에게 주어 그들이 잘 살게 되면 아무 문제가 없다. 그런데 막상 자본가의 소득을 모두 빼앗아보니 사회 총소득 자체가 감소한다. 그래서 근로자와 가난한 사람이 더 잘살게 되기는커녕 더 못살게 된다.

자본가와 사업가의 가장 큰 역할은 사업체를 만드는 것이다. 사업체를 만들고 유지하는 일은 자본가와 사업가가 없으면 이루어지지 않는다. 근로자는 열심히 일을 하려고 한다. 그런데 사업체가 있어야 근로자가 일할 수 있다. 사업체 자체가 없으면 근로자는 일하려 해도 할 수 없다. 일을 할 수 없으니 소득도 없다.

자본가와 사업가가 돈을 벌지 못하거나 일반 근로자와 똑같은 돈을 벌어도 사업체를 만들고 유지하면 문제가 없다. 그러면 사회적 소득이 동일한 제로섬 사회가 유지될 수 있다. 그런데 자본가와 사업가는 돈을 더 벌 가능성이 없으면 사업체를 만들지 않는다. 초과이윤이 없으면 기존 사업체도 그냥 접는다. 이제 자본가와 사업가는 돈을 벌지 못한다. 빈부격차는 해소된다. 하지만 사업체가 없어지니 근로자의 일자리도 없어진다. 근로자가 월급을 받지 못하니 소득도 없다. 결과적으로 모두가 가난해진다. 빈부격차가 작은 평등

사회는 되었는데, 가난한 사람은 더 가난해진다. 누구도 이런 식의 평등을 원하지는 않았다.

부자에게서 재산을 빼앗아 가난한 사람들에게 주었을 때 모두가 좋아진다면 정부는 그런 정책을 쓸 것이다. 극소수 부자들의 희생으로 국민 모두가 잘살 수 있다면 정부는 그렇게 한다. 그런데도 정부가 그런 정책을 시행하지 않는 이유는 정부가 극소수 부자의 편이기 때문이 아니다. 부자의 재산을 빼앗아 국민에게 나누어주면 오히려 국민을 더 가난하게 만들기 때문이다. 정말로 국민의 삶을 생각하는 정부라면 시도도 못 한다.

비제로섬 사회의
복지정책 방향

세상을 제로섬 사회로 보는 사람들은 부자에서 가난한 사람으로 부를 이전하자고 주장한다. 그러면 가난한 사람의 소득도 증가하고 빈부격차도 해소될 수 있다는 것이다. 그러나 제로섬 사회에서 누군가의 소득 증가는 다른 사람의 소득 감소이다. 소득을 뺏기는 자가 강력히 반발하므로 재분배 정책은 원활히 진행되지 않는다. 그리고 여기서 강력히 반발한다는 것은 꼭 시위를 한다거나 불평을 한다거나 반사회세력이 된다는 것을 의미하지 않는다.

이는 정치적 반발이다. 경제적 반발은 이런 것이 아니다. 자신의 경제 행동을 변화시키는 것이다. 자기 돈을 지키는 의사결정을 하고 그에 맞게 경제적 행동을 하는 것이다. 더 돈을 벌려고 하지 않고, 투자를 하지 않고, 투자를 하더라도 외국으로 옮긴다. 자본가, 사업가의 이런 행동은 사회의 파이 크기 자체를 줄인다. 가난한 사람을 위해 재분배 정책을 시행했는데, 사회의 잉여가 감소한다. 그래서 가난한 사람들에게 돌아갈 몫의 절대치가 오히려 감소한다.

문제는 어디에 있을까? 일단 현재 이 사회가 제로섬 사회라고 보는 데 인식의 오류가 있다. 분명 근대 이전 사회는 제로섬 사회였지만, 현대사회는 그렇지 않다. 최소한 한국은 1945년 해방 후 현재까지 제로섬 사회인 적이 없다. 중간에 몇 번 마이너스 성장을 해 파이 크기가 준 적이 있지만 대부분 시절에 사회 파이가 증가한 비제로섬 사회였다. 지금 경제성장율이 과거보다 크게 감소했다지만, 그래도 계속 성장하고 있다. 한국은 비제로섬 사회이다.

비제로섬 사회에서 가난한 사람의 소득을 올리는 방법은 제로섬 사회에서와 다르다. 제로섬 사회에서는 부자로부터 재산을 가져와야 가난한 사람의 소득이 올라간다. 하지만 비제로섬 사회에서는 다른 사람의 소득을 감소시키지 않고도 가난한 사람의 소득을 증가시킬 수 있다. 일자리를 늘리고, 월급이 늘어나게 하는 것, 여기에 초점을 맞추면 충분히 가난한 사람들이 더 잘살 수 있다.

일자리가 늘수록 가난한 사람이 더 쉽게 좋은 일자리를 얻을 수 있다. 좋은 일자리가 많이 생기면 가난한 사람들은 월급이 적은 일자리로 가지 않으려 한다. 한 푼이라도 월급을 더 주는 자리로 옮기려 하고, 또 일이 어렵지 않은 곳으로 가려 한다. 선택할 수 있는 일자리가 많을수록 더 좋은 일자리를 얻을 가능성이 높아진다. 따라서 경제가 성장할수록 일자리가 늘고, 월급도 늘고, 일자리 복지도 좋아진다.

물론 현재도 월급이 적고 일하기 힘든 일자리가 많다. 하지만 5년 전, 10년 전과 비교해보면 분명 그때보다 월급이 늘었고, 일자리 복지도 나아졌다. 소위 잘나간다는 직종에서 월급은 그대로인데 일이 더 힘들어지기도 했다. 의사는 과거보다 힘들어졌고, 변호사는 보수 수준과 사회적 위상이 굉장히 많이 떨어졌다. 교수도 과거에 비해 보수는 늘지 않으면서 일은 많아졌다. 이런 직장에서는 업무 환경이 좋아졌다는 말에 찬성할 수 없을 것이다. 하지만 롤스의 정의론이 말하듯, 사회에서 중요한 것은 괜찮은 직장이 어떻게 되느냐가 아니라, 사회에서 소위 나쁜 일자리의 보수 수준이 어떻게 되느냐이다. 일용 노동자의 보수와 복지, 막노동자, 육체노동자의 보수와 복지 수준은 분명 과거 5년 전, 10년 전보다 훨씬 나아졌다.

이들의 생활이 갑자기 어려워지는 경우는 크게 두 가지이다. 금융위기나 코로나 사태 등으로 경제가 많이 안 좋아질 때 어려워진다. 또한 정부가 이들을 돕겠다고 이상한 정책을 실시하면서 그 부작용으로 힘들어지는 경우가 있다. 이들을 돕겠다고 최저임금을 급격히 상승시키니 오히려 일자리가 줄어 돈을 벌기 어려운 경우이다.

그래서 우리는 경제위기를 피하는 것이 중요하다. 잘사는 사람은 경제위기가 되거나 말거나 계속 잘산다. 사업체가 망해서 사업자가 백수가 되더라도 가난한 사람으로 급전직하하는 경우는 많지 않다. 설사 망하더라도 먹고살 수는 있다. 경제위기 상황에서 정말로 먹고살기 힘들어지는 사람은 가난한 사람이다. 특히 하루 벌어 하루 먹고사는 사람이 직격탄을 맞는다. 그러니 가난한 사람들의 생활이 더 어려워지는 것을 막기 위해서는 경제위기를 겪으면 안 된다.

비제로섬 사회에서는 재분배 정책도 더 원활히 이루어진다. 비제로섬 사회에서는 고소득자, 중소득자, 저소득자 모두 소득이 증가할 수 있다. 고소득자의 소득이 100 늘면, 그 추가 소득 중 20, 30 정도를 정부가 가져가는 데 별 거부감이 없다. 세금으로 그렇게 내도 자기는 70, 80이 증가된다. 본인의 재산이 크게 증가하므로 세금이 늘고 재분배 정책을 강화하는 것에 크게 반발하지 않는다. 그런데 100의 소득 중 80, 90을 가져가면 아무리 자기 소득이 늘어도 반발한다. 100에서 20, 30을 가져가는 정도로는 부자가 자기 행동을 바꾸지 않는다. 정부는 별 저항 없이 20, 30의 재원을 더 얻어서 가난한 사람들을 지원할 수 있다. 제로섬 사회에서라면 재분배 정책에 사회적 반발이 심할 수 있다. 하지만 비제로섬 사회에서는 이런 반발이 적어 재분배 정책이 원활히 이루어질 수 있다.

그런데 비제로섬 사회에서는 재분배 정책과 관련한 문제가 하나 있다. 빈부격차가 더 커진다는 점이다. 그렇다고 빈익빈 부익부는 아니다. 가난한 사람도 소득이 증가하기는 하는데, 부자의 소득이 더 크게 증가한다. 사회 전체적으로 100의 이익이 증가한다면, 부자는 50이 증가하고, 중산층은 30이 증가하고, 가난한 사람은 20이 증가한다. 늘어나는 사회적 잉여가 부자에게 더 많이 가고 가난한 사람에게서는 더 적게 증가한다.

빈부격차가 증가하느냐 감소하느냐 자체에 초점을 두면 비제로섬 사회에서의 분배 정책은 문제가 된다. 빈부격차가 감소하는 게 아니라 증가하기 때문이다. 하지만 가난한 사람들이 정말로 나아지느냐 아니냐, 보다 잘살게 되느냐 아니냐에 초점을 맞추면 비제로섬 사회에서의 분배 정책에는 별문제가 없다. 가난한 사람들의 삶이 분명 더 나아지기 때문이다. 제로섬 사회나 사회적 파이가 축소되는 비제로섬 사회에서는 아무리 재분배 정책을 시행해도 가난한 사람의 삶이 나아지지 않는다. 하지만 사회적 파이가 증가하는 비제로섬 사회에서는 분명 가난한 사람의 삶이 조금씩 나아진다. 정치가 경제를 망치려들지만 않는다면 비제로섬 사회에서 가난은 점차 축소된다.

사회적 파이가 증대되는 비제로섬 사회는 경제가 성장하는 사회이다. 그래서 많은 경제학자가 성장에 초점을 둔다. 그렇다고 가난한 사람의 복지에 관심 없는 것이 아니다. 경제가 성장하는 비제로섬 사회를 만드는 것이 가난한 사람들을 위한 가장 좋은 방법이라고 생각하기 때문이다. 일단은 사회적 파이가 증대되는 비제로섬 사회가 되어야 한다. 제로섬 사회, 사회적 파이가 감소하는 비제로섬 사회에서는 어떤 노력을 해도 가난한 사람의 삶이 나아지지 않는다. 정말로 그들을 위한다면 일단 경제가 성장하는 비제로섬 사회를 추구해야 한다.

자유주의경제와 사회주의경제의
지향점은 어떻게 다른가

어떤 사회에서든 가난한 사람이 있고 빈부격차가 있다. 그리고 정권 유지만 원하는 폭정 정권이 아닌 한 어느 나라든 가난한 사람의 소득을 증가시키고 빈부격차를 줄이려고 한다. 현대 세계 각국은 왕정이나 소수 독재 정권을 제외하고는 민주 선거로 지배 정권이 결정된다. 민주선거에서 정권을 잡기 위해서는 가난한 사람들의 표가 필요하다. 그들의 소득을 올려주겠다는 것이 주된 정책 목표가 되는 것이다. 또한 빈부격차가 심해지면 사회 안정을 해친다. 그래서 빈부격차 증가를 목표로 삼는 민주 정부는 없다. 어느 정부든 빈부격차를 줄이는 것을 이상향으로 삼는다.

가난한 사람의 소득을 증가시키는 것과 빈부격차를 줄이는 것. 이 두 가지가 경제정책의 기본 목표이다. 자유주의경제든 사회주의경제든 이건 동일하다. 그런데 이 정책목표 중 어디에 초점을 더 두느냐에 따라 자유주의경제정책과 사회주의경제정책으로 나뉜다.

자유주의경제에서는 가난한 사람에게 더 나은 일자리, 더 많은 임금을 주는 것에 초점을 둔다. 그러려면 일자리가 더 많아져야 하고, 임금도 올라야 한다. 기업이 더 많이 생기고, 경제가 활성화되어야 일자리와 임금도 증가한다. 즉 자유주의경제에서는 경제가 더 성장하고 발전하면 가난과 빈부격차 문제가 해결될 수 있다고 본다. 즉 사회의 경제적 파이를 키우는 것이 목표이다.

　자유주의경제의 이상향은 [그림 1]과 같다. 부자의 소득도 늘지만 가난한 사람의 소득이 더 많이 증가해서 빈부격차도 감소한다.

　문제는 실제로 이렇게 되지 않는다는 점이다. 경제 성장을 목표로 삼으면 기업들이 크게 성장한다. 그로 인해 근로자의 소득이 오르고 생활 수준이 나아지기는 하는데 기업가, 자본가의 소득이 더

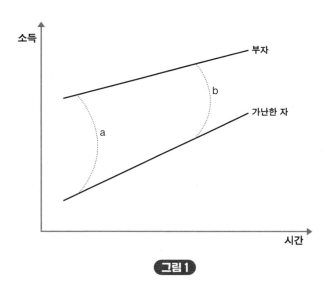

그림 1

경제학 패러독스

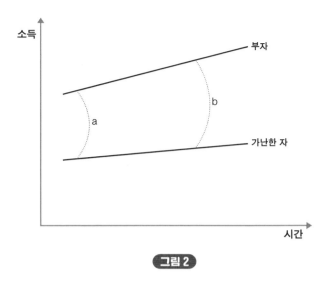

그림 2

크게 성장한다. 그래서 실제로는 [그림 2]의 그래프가 된다.

가난한 사람의 소득이 증가한다. 하지만 부자, 상위 계층, 자본가의 소득은 더 가파르게 증가한다. 그래서 빈부격차가 심해진다.

보통 현대 자본주의의 문제점이 빈익빈 부익부라고 하는데, 제대로 자본주의가 작동하는 국가에서는 빈익빈 부익부는 나타나지 않는다. 가난한 사람들의 소득과 생활이 분명 더 나아지기 때문이다. 하지만 부자는 더 큰 소득을 올려서 빈부격차가 증가한다. 가난한 사람의 소득 증가, 빈부격차 감소 두 가지가 주요 목표인데, 가난한 사람의 소득은 증가하지만 빈부격차는 줄지 않고 증가한다. 이것이 자본주의 경제의 장점이자 문제점이다.

사회주의에서 가난한 사람의 소득 증가, 빈부격차 감소를 달성하는 방법은 기본적으로 상위 계층, 자본가, 부자의 재산이 가난한 사람에게 가도록 하는 것이다. 부자로부터 세금을 늘려서 가난한 사람을 지원할 수도 있고, 기업가의 이익을 제한해서 가난한 사람에게 이전하도록 할 수도 있다. 어쨌든 많이 있는 자로부터 없는 자에게로 자원이 배분되게 하는 것이 목표이다. [그림 3]이 사회주의경제의 목표이다.

가난한 사람의 소득은 증가하고 사회의 빈부격차는 감소한다. 그리고 부자의 소득이 감소하는데, 사회주의에서는 부자의 초과 소득을 부당한 이익, 불로소득으로 본다. 따라서 부자의 소득 감소는 문제되지 않는다. 부자의 소득이 감소하고 가난한 사람의 소득이 증가하는 것은 사회 공정이 제자리를 찾는 것이다. 또한 사회주의는

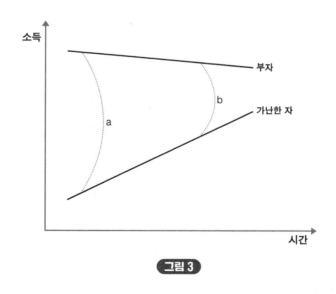

그림 3

기본적으로 제로섬 사회를 상정한다. 제로섬 사회에서 가난한 사람의 소득이 증가하기 위해서는 부자의 소득이 감소해야 한다. 그래서 국민이 최대한 평등한 소득을 누리는 것이 목표이다.

그런데 현실에서는 [그림 3]을 목표로 정책을 추진해도 그렇게 되지 않는다. 사회주의경제를 운영하면 실제로는 [그림 4]처럼 된다.

강력한 빈부격차 해소 정책을 사용하면 빈부격차는 해결된다. 그런데 가난한 사람의 소득이 감소한다. 못사는 사람이 더 못살게 되는 것이다. 부자가 돈을 못 벌게 되는 것은 맞는데, 가난한 사람에게 가는 돈도 그만큼 없다. 그냥 사회에서 사라져버린다. 기업들이 사라지고 일자리가 줄면서 사회적 약자들은 더욱 어려워진다.

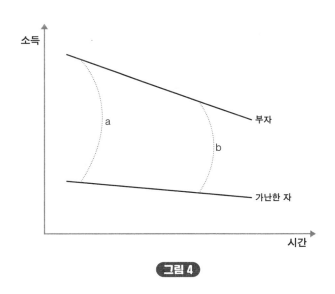

그림 4

가난한 사람의 소득이 증가하면서 빈부격차도 감소하면 좋다. 하지만 아직 그럴 수 있는 경제 시스템은 없다. 지금 우리가 실제 선택할 수 있는 경제 시스템은 두 가지이다. [그림 2]의 가난한 사람들의 소득을 증가시키지만 빈부격차는 증가하는 자유주의 시스템과 [그림 4]의 빈부격차는 감소하지만 가난한 사람들이 더 어려워지는 사회주의 시스템이다.

위 두 시스템 중에서 어떤 것을 선택해야 할까. 부자들은 어떻게 살든 상관하지 않고 가난한 사람들에게만 초점을 맞추면 자유주의 시스템을 선택해야 한다. 하지만 가난한 사람들이 어떻게 사느냐보다 부자와 자본가가 잘사는 꼴을 못 보겠다면 사회주의 시스템을 선택해야 한다. 자유주의경제 체제 국가의 가난한 사람들이 사회주의경제 체제의 가난한 사람들보다 더 잘사는 이유이다. 정말로 가난한 사람들을 위한다면 자유주의경제를 선택해야 한다.

마르크스의 경제학
- 정치경제학

　자유주의경제학의 시조는 애덤 스미스이다. 그리고 사회주의경제학의 시조는 칼 마르크스이다. 스미스가 《국부론》에서 경제 자유주의, 시장경제주의를 정립하였다면, 마르크스는 《자본론》에서 자본주의의 문제점을 제기하고, 사회주의경제 체제로의 이행을 주장했다.

　마르크스의 주요 주장은 두 가지이다. 첫째, 자본주의 사회에서 노동자의 삶은 어렵다. 아주 열심히 일해도 잘살지 못하고 점점 가난해진다. 자본가는 일하지 않으면서 모든 이익을 가져가고, 노동자는 열심히 일하고도 자본가에게 자기 몫을 빼앗긴다.

　둘째, 노동자가 자기의 정당한 몫을 챙기기 위해서는 자본가의 것을 뺏어와야 한다. 하지만 자본가는 절대 자기 것을 포기하려 하지 않는다. 자본주의하에서의 경제 시스템, 정치 제도는 자본가의 이익을 보호한다. 그래서 정상적으로는 노동자가 자기 몫을 가져갈 수 없다. 노동조합을 만들고, 혁명을 통해 정치적으로 권력을 잡아서 자본가의 몫을 빼앗아 노동자의 몫으로 돌려야 한다. 이렇게 자본주의에서 사회주의, 공산주의 사회로의 이행을 주장했다.

마르크스가 위대한 경제학자라는 점에 이의를 제기할 수 없다. 경제학의 태두인 스미스만큼, 아니 오히려 더 그 이론의 사회적 파급력이 컸다. 경제사에서 마르크스는 분명 새로운 경제학파를 만든 위대한 학자이다. 그러나 현재 경제학에서 마르크스가 차지하는 부분은 아주 작다. 아니 사실 거의 없다시피 하다. 경제학의 기본인 경제원론, 경제학개론, 미시경제학, 거시경제학에서 마르크스의 이론에 기반한 내용은 거의 없다. 현대 경제학자들이 자유주의경제를 추구하고, 사회주의경제를 피하기 때문이 아니다. 마르크스 경제학 이론이 가지는 한계 때문이다. 마르크스 이론은 기본적으로 제로섬 경제를 가정한다. 이 세상을 생산량과 가치가 더 이상 증가하지 않는 제로섬 경제로 보고 만든 경제 이론이었다.

앞에서 살펴본 제로섬 경제를 다시 상기해보자. 제로섬 사회에서는 누군가 이익을 얻으면 누군가 손해를 봐야 한다. 마르크스가 사회를 관찰하니 노동자는 열심히 일하는데도 어렵게 살았다. 사회 전체에 부가 증가하고 있는데 노동자는 잘살지 못한다. 제로섬 사회에서 자기 몫을 제대로 받지 못한다는 것은 다른 누가 더 챙겨가기 때문이다. 사회는 노동자와 자본가로 나누어져 있고, 노동자의 몫을 뺏어가는 사람은 당연히 자본가일 수밖에 없다. 그럼 노동자가 더 잘살기 위해서는 어떻게 해야 할까? 제로섬 사회에서 잘살기 위해서는 다른 사람의 것을 뺏어와야 한다. 노동자가 잘살려면 자본가의 부를 뺏어와야 한다. 자본가를 타도해야 노동자가 잘살 수 있다. 제로섬 사회로 상정했다면 노동자가 잘살 수 있는 유일한 방법이다.

하지만 스미스는 경제를 비제로섬으로 본다. 분업과 전문화를 추구하고, 또 시장을 확대하면 사회 전체의 생산량이 증가한다고 보았다. 전체 생산량이 계속 증가하므로 내가 제대로 하면 잘살 수 있는 길이 열린다. 다른 사람의 것을 뺏어올 필요가 없다. 그래서 애덤 스미스의 책 제목이 《국부론》이다. 어떻게 하면 국가의 부를 증가시킬 수 있는가를 이야기한다.

경제학의 주류가 마르크스 경제학이 아닌 스미스의 경제학인 이유는 경제학자들이 자유를 더 좋아한다거나, 선천적인 시장경제주의자이거나 해서가 아니다. 이 사회와 경제 현상을 더 잘 설명해주는 것이 어느 이론이냐의 문제이다. 18세기 이후 지금까지 세계 경제는 계속 성장해왔다. 즉 현대 경제는 비제로섬 사회였다. 그럼 당연히 비제로섬 사회를 상정하는 스미스의 시장경제주의가 현실에 맞는다. 경제는 더 이상 성장하지 않는다는 제로섬 사회를 가정한 마르크스 이론은 현실에 맞지 않으며, 그의 이론을 적용한다고 해서 사회 문제가 풀리지는 않는다.

그리고 마르크스 이론은 경제학에서 볼 때 치명적인 문제가 있다. 경제학에서 중시하는 요소는 가격, 소득, 환율, 이자율, 통화량, 투자이다. 통화량, 이자율을 어떻게 조정하면 경제가 좋아지는가,

인플레이션율과 실업률은 어느 수준으로 유지해야 할까를 고민한다. 자유주의 사회든 사회주의 사회든, 민주정이든 왕정이든 독재정이든 그런 건 상관없다. 경제학은 과학이다. 민주사회에서는 통화량, 이자율이 중요하고, 공산주의에서는 중요하지 않은 게 아니다. 어느 사회에서든 통화량, 이자율이 국민 생활에 지대한 영향을 미친다. 이런 가격, 소득, 환율, 이자율 등 경제적 요소로 사회를 설명하는 것이 경제학이다.

그런데 마르크스는 어떻게 하면 모두가 잘사는 사회가 된다고 했나. 자본가의 부를 노동자가 가져오면 잘사는 사회가 된다고 했다. 가격, 환율, 이자율을 어떻게 조정하는가는 상관없다. 자본가의 부를 뺏어오는 것이 중요하다. 자본가와 노동자를 서로 대립 집단으로 보고 이들 간의 상호관계로 사회를 본다. 이건 경제학이 아니다. 정치학이다. 경제 기반을 중심으로 사회 구성원을 나누고, 그 구성원 사이의 역학 관계로 사회를 설명한다. 경제적 요소보다는 자본가-노동자 간 역학 관계로 세상을 보는 것이다. 즉 마르크스 경제학은 경제문제를 이야기하기는 하지만 실질적으로는 정치학이다. 그래서 마르크스 경제학은 경제학 내에서 정치경제학으로 불린다. 정통 경제학자들이 마르크스 경제학을 적용하지 않는 이유는 그것이 경제학이 아니라 실질적으로는 정치학이기 때문이다.

마르크스는 사회 구성원을 자본가와 노동자, 잘사는 사람과 못사는 사람으로 구분했다. 이런 구분은 경제학에서 큰 의미가 없다. 하지만 정치적으로는 막대한 영향력을 발휘한다. 정치적으로 볼 때 자본가는 소수이고 노동자는 다수이다. 잘사는 사람은 소수이고 가난한 사람은 다수이다. 1인 1표를 행사하는 민주사회에서 이건 절대적으로 중요하다. 선거에서 이기기 위해서, 국회의원, 대통령이 되기 위해서는 가난한 사람, 노동자 편을 들어야 한다. 가난한 사람들을 위해서, 가난한 사람들을 잘살게 하겠다고 해야 정치 권력을 얻을 수 있다.

　가난한 사람들의 표를 얻어야 하는데, 가난의 이유가 그들 본인에게 있다고 하면 표를 얻을 수 없다. 부자들 때문에, 자본가들 때문에 우리가 잘살지 못한다고 해야 표를 얻는다. 나는 마르크스 경제학의 가장 큰 문제가 이러한 국민 갈라치기라고 본다. 마르크스 경제학은 항상 가진 자와 가지지 못한 자로 구분하고, 이 둘 사이의 갈등을 이야기한다. 문제는 이런 갈등은 아무리 많이 이야기하고 고민한다 해도 해결이 안 된다는 점이다. 가진 자와 가지지 못한 자 간의 격차가 얼마나 되느냐의 문제일 뿐, 인간 사회에서 가진 자와 가지지 못한 자는 어떤 식으로든 존재하기 마련이다. 모두가 평등하다는 공산주의 사회에서조차 가진 자, 가지지 못한 자의 구별은 있어왔다. 이런 구별은 영원하다. 이 둘을 구분하고 대립관계로만 보면 사회 갈등은 절대 해결되거나 완화될 수 없다. 그런 점에서 마르크스는 위대했다. 어떤 사회에도 적용할 수 있는 프레임을 만들어 냈기 때문이다. 아무리 사회가 발전해도, 또 가난한 사회이든 부자 나라이든 상관없이 적용할 수 있는 프레임이다. 문제가 해결될 수 없기에 계속 사용할 수 있는 프레임이다.

우리는 경제문제를 이야기할 때, 우리가 실제 경제 이야기를 하고 있는지 정치경제 이야기를 하고 있는지 구분해야 한다. 경제 요소에 초점을 맞추고 경제 이야기를 해야 경제문제를 해결할 수 있다. 경제문제라고 생각하지만 실제로는 정치경제에 대한 이야기를 한다면, 특히 있는 자와 없는 자에 초점을 두고 이야기한다면 대부분 논쟁으로 끝난다. 맞는 말을 하는 것 같아도 해결책이 안 나온다. 정치학을 이야기하면서 경제문제가 잘 해결되기를 바랄 수는 없다. 마르크스 경제학, 소위 사회주의경제학은 경제학의 이름을 달고 있지만 실제로는 정치학이다. 현대사회의 경제 이슈를 이해하려면 이 점을 꼭 알고 있어야 한다.

정치경제학이 위험한 이유

경제정책을 볼 때 경제학에 기반했는지 정치경제학에 기반했는지 확실히 구분할 필요가 있다. 경제학은 사회의 부를 증가시키는 것이 목적이고, 정치학은 권력을 잡는 것이 목적이다. 정치경제학은 경제와 관련된 이야기를 하지만, 그 주요 목적은 사회의 부 증대보다는 이를 활용해 정권을 잡는 데 있다.

그런데 이 세상을 있는 자와 없는 자, 가진 자와 가지지 못한 자의 프레임으로 구분하는 정치경제학은 위험하다. 그런 구분을 할 때 사회 대다수는 가지지 못한 자, 없는 자에 포함된다. 가진 자는 소수이다. 선거에서 보다 많은 표를 얻으려면 가지지 못한 자의 편을 들어야 한다. 그들의 목소리를 대변하고 이익을 위한다고 주장해야 선거에서 이길 수 있다. 그렇게 가지지 못한 자가 가진 자가 되도록 하겠다고 하면서 정권을 잡는다.

하지만 문제가 있다. 가지지 못한 자를 위한 정책을 펴서 정말로 그들이 가진 자가 되면 어떻게 하나. 가지지 못한 사람이 많아야 선거에서 이길 수 있다. 가지지 못한 자가 줄고 가진 자가 많아지면, 그러니까 많은 사람이 중산층, 부유층이 되면 이 정당은 더 이상 표를 얻을 수 없다. 정권을 잃는다. 그래서 가난한 사람을 위한다는 정권은 실제로는 가난한 사람을 부자로 만드는 정책을 시행할 수 없다. 가난한 사람들의 소득을 올려준다고는 하지만 실제로는 부자, 중산층이 되기는 힘든 정책을 시행해야 한다. 그래야 계속 정권을 잡을 수 있다.

20세기 이후, 빈부 차이 문제가 경제의 주요 문제로 부각되면서, 가난한 사람들을 잘살게 해주겠다는 정당들이 많은 나라에서 출현했다. 대표적인 것이 공산당이다. 공산당은 사회에서 소수의 자본가를 제거하고 다수의 가난한 사람이 잘살도록 하는 것이 목표이다. 그런 공산당에 사람들이 매료되었고, 세계의 반이 공산주의를 채택했다. 그런데 이렇게 가난한 사람을 없애겠다는 공산주의 국가에서 막상 가난에서 벗어난 국가가 있었나? 공산주의를 채택한 국가들은 모두 가난해졌다. 자유주의경제 국가들은 계속해서 경제가 나아지는데, 공산주의 국가들은 가난에서 벗어나지 못했다.

공산주의는 아니라도 사회주의 정권, 진보 정권도 마찬가지이다. 남미 등에서는 사회주의 정권이 오랜 기간 권력을 잡았다. 가난한 사람을 돕는 것을 주요 목적으로 삼은 훌륭한 사회주의 정권들이 남미에서 많이 나왔다. 1960년대 아르헨티나의 페론 정권, 1990년대 베네수엘라의 차베스 정권 등 남미에는 국민의 절대적 인기를 얻은 훌륭한 사회주의 정권이 많았다. 그러나 이런 정권들이 오랫동안 권력을 잡고 경제정책을 시행했지만 가난한 사람들이 중산층, 부유층으로 올라가지는 못했다. 가난한 사람은 계속 가난한 사람으로 남았고, 오히려 빈부격차만 심해졌다. 지금도 남미 국가들은 빈부격차 문제가 가장 심각한 나라들이다. 무려 50년 넘게 빈부격차를 없애겠다고, 가난한 사람이 잘살게 하겠다는 정권이 들어섰는데도 그렇다.

여기에는 두 가지 해석이 가능하다. 첫째, 국민이 가난에서 벗어나도록 노력했지만 능력 부족으로 못했다. 둘째, 가난에서 벗어나게 해주겠다고 했지만 정말로 잘살게 되면 곤란하다. 희망을 줄 뿐 정말로 그렇게 되면 안 된다. 그러면 정치 기반을 잃는다.

가난한 국가가 가난에서 벗어나지 못하는 이유는 첫 번째 해석, 정권을 잡은 사람들이 많이 노력은 하는데 능력 부족으로 안 되는 것이라고 생각하고 싶다. 그런데 문제가 있다. 어떻게 하면 경제가 성장할 수 있는지, 가난한 사람의 소득이 늘어날 수 있는지에 대해서 경제학은 여러 방안을 제시한다. 그리고 경제학은 최소한 절대적 가난에서 벗어날 수 있는 길, 가난한 국가가 가난에서 벗어날 수 있는 길은 발견했다. 선진국이 어떻게 하면 보다 나아질 수 있는지는 경제학도 잘 모른다. 하지만 가난한 국가가 가난에서 벗어날 수 있는 방법은 안다. 80점이던 학생이 90점, 100점을 맞는 방법은 아직 잘 모른다. 하지만 30점 받던 학생이 60점으로 점수를 올리는 방법은 안다.

경제를 외국에 개방하고, 사업을 자유롭게 할 수 있도록 하고, 사업에서 번 돈을 빼앗지 않으면 된다. 국가가 절대 가난에서 벗어나는 건 어렵지 않다. 이것만 하면 되기 때문이다. 스미스의 《국부론》은 1776년에 출간되었고 이때부터 경제학이 시작된 것으로 본다. 경제학이 탄생한 지 이제 250년이 되어간다. 그사이 자연과학에서는 전자기파의 존재도 모르다가 지금은 인터넷이 생활화되었다. 생명의 진화를 알지도 못하다가 유전자 조작까지 하게 된 시간이다. 경제학도 그런 정도의 발전이 있었다. 최소한 국가가 절대 가난에서 벗어나는 방법은 발견했다.

그런데 가난한 국가는 이걸 안 한다. 이것이 문제이다. 국민을 가난에서 벗어나게 해주겠다면서, 경제학이 250년에 걸쳐 발견한 방법을 적용하지 않는다. 가장 대표적인 곳이 북한이다. 북한은 부자들, 권력자들이 자기들만 잘살겠다고 만들어진 정권이 아니다. 모든 국민을 잘살게 해주겠다는 목표로 태어난 정권이고, 지금까지도 국민에게 힘을 합쳐 가난에서 벗어나자고 이야기한다. 그러면서 경제개방, 사업 자유화는 시행하지 않는다. 지금 세계에서 제일 가난하다고 여겨지는 국가들을 보라. 그중 경제를 개방한 국가, 사업 자유화를 시행하는 국가가 있는가. 이게 가난에서 벗어나는 방법이라는 걸 알면서도 시행하지 않는다. 이건 노력하지만 능력이 부족해 못하는 것이 아니다. 무언가 다른 이유가 있는 것이다.

몇십 년 동안 국민에게 가난을 벗어나게 해주겠다면서도 그러지 못하는데 대한 두 번째 해석은 정권 집단에서 그걸 원하지 않는다는 것이다. 가난한 사람들의 지지로 정권을 잡았는데, 이 사람들이 잘살게 되면 어떻게 되나. 그러면 정권이 다른 집단에게 넘어갈 수 있다. 가난한 사람들에 기반한 정권은 사람들이 계속 가난해야 정권을 유지할 수 있다.

그래서 계속 가난한 사람들을 위한다고 말하고, 그들을 위하는 정책을 실시한다. 하지만 어디까지나 '가난한 사람들을 위한다고 말하는' 정책일 뿐이다. 정말로 가난에서 벗어나게 해주는 정책이어서는 안 된다. 설마 국가 정부가 그렇게까지 할까라는 의문이 들 수 있다. 정부는 국민이 잘되기를 바라고, 국민을 위해 운영되니까. 하지만 정치학에서 말하는 정치가의 목적이란 정권을 잡고 유지하는 것이다. 국민을 잘살게 하는 것이 정치가의 목적이 아니다. 국민이 잘살게 해야 정권을 잡는다면 그렇게 할 것이고, 국민이 못살아야 정권을 잡을 수 있다면 그렇게 할 것이다. 이게 정치학의 시각이다.

정치경제학은 그래서 위험하다. 정치가가 잘살게 해준다고 정말로 그런 것이 아니다. 경제적 상황을 이용해 표를 얻기 위해 하는 말일 뿐이다. 국민이 잘살지 못할 때 자신의 표가 더 많이 나온다면 그렇게 만드는 것이 정치경제학이다. 정말로 잘살고 싶은 국가라면 경제적 논리를 따라야지, 정치경제학 논리를 따라서는 곤란하다.

문재인 정권 부동산 정책을
정치경제학적으로 본다면

경제학은 어떻게 더 잘살 수 있는지, 어떻게 가난한 사람이 가난에서 벗어날 수 있는지에 초점을 둔다. 그런데 정치경제학은 현재 경제 현상에서 어떻게 정치적 지지를 얻고 정권을 잡고 유지하는가에 초점을 맞춘다. 여기에 매몰되면 가난한 사람들의 표를 얻기 위해 그들이 잘살지 못하는 정책이 실시될 가능성이 있다는 점에 정치경제학의 문제가 있다. 가난한 사람을 위한다지만 이들이 가난에서 벗어나면 표가 날아간다. 그래서 가난한 사람들이 계속 가난에서 벗어나지 못하게 한다. 정말로 이런 나쁜 정책을 시행하는 나라, 정치인들이 있을까. 외면적으로는 없다. 어느 나라든 어떤 정치인이든 가난한 사람이 보다 잘살게 하기 위해 노력한다.

그런데 실제 시행되는 정책을 분석해보면 이상한 점이 눈에 띈다. 아무리 봐도 가난이 나아지지 않는 정책이다. 오히려 부자가 되지 못하게 하는 정책이라고 봐야 합리적이다. 이런 정책은 개도국

뿐 아니라 선진국에서도 많이 보인다.

한국에도 이렇게 해석할 수 있는 정책이 있다. 지난 문재인 정권의 부동산 정책이다. 문재인 정권은 처음 들어설 때부터 부동산 가격을 낮추겠다고 했다. 한국에서 부동산 가격이 높은 것은 투기꾼 때문이다. 집을 몇 채나 가진 투기 세력들 때문에 집값이 높아졌고, 집 없는 사람들이 집을 사기가 힘들다. 그래서 부동산 보유세를 높여 다주택자가 집을 팔도록 하겠다는 것이 정책의 주된 방향이었다. 종합부동산세, 재산세가 높아지면 다주택자는 집을 팔 수밖에 없다. 웬만큼 세금이 오른다고 팔지 않는다. 그러니 세금을 엄청나게 부과해야 한다. 문재인 정권은 종합부동산세, 재산세, 취득세 등 부동산 관련 세금을 아주 높게 올렸다. 양도세도 많이 높였다. 부동산을 팔 때 생기는 양도소득을 바라고 투기가 일어나지 않도록 하기 위해서였다. 부동산을 살 때 은행 대출도 받기 어렵게 했다. 자기 소득 대비 일정 비율 이하로만 대출을 받게 했다. 대출을 받아서 집을 사놓는 투기꾼을 막기 위한 조치였다.

문재인 정권은 한국 집값이 높은 것은 집이 부족해서가 아니라 투기꾼들이 집을 여러 채 가지고 있어서라고 보았다. 그래서 주택 공급은 하지 않았다. 재개발, 재건축은 집값을 높이는 원흉이라 보고 모두 막았다. 부담금을 높이는 등 각종 진입 장벽을 쌓았다.

겉으로 보기에는 투기꾼과 다주택자를 잡기 위한 부동산 정책으로 보인다. 다주택자가 버티지 못하고 집을 팔려고 내놓으면, 집이 없는 사람이 쉽게 사도록 하는 정책인 것 같다. 그런데 이상한 점이 있다. 다주택자가 오른 세금을 버티지 못하고 집을 팔 때 엄청난 양도세를 물린다. 부동산 보유세가 높지만 양도세는 더 높다. 결국 다주택자는 양도세가 무서워서 집을 팔지 못한다.

집이 없는 사람이 집을 사려면 은행에서 대출을 받아야 하는데 이도 힘들게 만들었다. 다주택자들을 힘들게 하겠다고 했고 실제로 그렇게 되었는데, 막상 집이 없는 사람들이 집을 사기도 힘들다. 재건축을 막아 새로 나오는 집도 없다. 자기 집을 처음 사려는 사람들이 집을 구할 수가 없다. 그러면서 집값은 계속 올랐다. 부동산 정책에 문제가 있다고 많은 전문가가 목소리를 높였다. 하지만 정부는 요지부동이었다. 계속 주택공급은 하지 않고, 보유세는 늘리고, 양도세도 늘리는 정책을 강화했다. 이래서는 집값이 오르기만 하고 문제가 해결되지 않는다는 지적이 몇 년간 나왔는데도 이 정책을 유지했다. 나는 처음에 이 문제를 '정부가 자기 오류를 인정하지 않는 오기'에 있다고 보았다. 결과가 다르게 나왔으면 자기가 틀렸다는 것을 인정하고 방향을 바꿔야 하는데, 그러지 않고 자기 신념만 추구하는 오기의 정책이라고 보았다. 그런데 어느 날, 소위 진보 정치인의 부동산 관련 책을 읽게 되었다. 그 책에서 충격적인 말을 발견했다. '부동산은 정치이다' '자기 집을 가지지 않는 사람 중에서는 진보 편이 많다. 그런데 이 사람들이 부동산을 소유하면 보수가 된다'라면서, 실제 선거 결과에서 자기 집 보유 비율과 선거 경향을 비교하였다. 월세, 전세가 많던 지역에서 아파트가 많이 지어져 자가 비율이 증가하면 선거에서 보수 비율이 높아졌다.

이러한 주장을 토대로 보면 다른 틀이 생긴다. 문재인 정권의 부동산 정책은 집이 없는 사람들이 집을 가지지 못하도록 하는 정책이 아닐까. 그래서 진보 편이 계속 진보로 남게 하고, 보수로 표가 넘어가는 것을 막는 것이 아닐까. 선거에서 계속 이기기 위한 부동산 정책이 아니었을까. 말도 안 된다. 그래도 이 시각에서 보면 모든 부동산 정책이 설명된다.

진보에서는 가진 자와 가지지 못한 자를 대립시킨다. 부동산 문제는 부동산이 많은 사람과 부동산이 없는 사람 간의 대립이기도 하다. 부동산 가격이 높은 이유, 사람들이 아직 집이 없는 이유는 다주택자 때문이다. 그러니 이들에게 징벌적 과세를 해야 한다. 이것으로 종합부동산세, 취득세, 재산세 강화가 설명된다. 그런데 정말로 다주택자들이 집을 싸게 팔아서 무주택자들이 집을 가지면 곤란하다. 그러면 진보표가 준다. 그러면 다주택자들이 정말로 집을 팔지는 못하게 해야 한다. 집을 팔 때 엄청난 양도세를 매기면 집을 팔지 못한다. 그리고 매도로 나온 집들을 무주택자들이 구입해서도 곤란하다. 은행 대출을 막아 집 살 돈이 부족하게 해야 한다. 다주택자들이 집을 많이 팔고 그 집을 무주택자들이 구입하도록 하는 것이 목적이라면 높은 양도세, 대출금 규제 강화는 설명이 안 된다. 하지만 무주택자가 집을 쉽게 사지 못하게 하는 것이 목적이라면 설명이 된다.

재개발 단지, 재건축 단지에 사는 사람들은 상대적으로 저소득층이다. 선거에서 진보를 지지하는 사람들이 더 많다. 그런데 재개발,

재건축이 되어서 신축이 되었을 때, 새집에 사는 사람들은 돈이 있는 사람들이다. 보수표다. 그러니 진보표가 더 나오게 하기 위해 재개발, 재건축이 이루어지면 안 된다. 사람들이 자기 집을 빨리 갖도록 하기 위해서는 재개발이 빨리 되어야 한다. 하지만 선거를 생각하면 재개발은 최대한 막아야 한다. 다주택자가 빨리 집을 팔도록 해서 무주택자가 집을 쉽게 가지도록 한다는 측면에서 보면 문재인 정부의 부동산 정책은 모순덩어리다. 그런데 진보표가 보수표로 가는 것을 막아야 한다는 측면에서 보면 문재인 정권의 부동산 정책에는 일관성이 있다. 여기에 맞는 아주 합리적인 정책이다.

이걸 어떻게 설명해야 할까. 문재인 정권의 부동산 정책 담당자들은 경제 원칙에 대해 전혀 모르고, 실제 결과를 무시하고 자기 생각만 고집하며 오기만 부린 비합리적인 사람들일까, 아니면 자기가 정말로 원하는 목적을 위해서 아주 합리적으로 정책을 만들고 집행한 사람들일까. 그래도 정권을 담당한 사람들인데, 표를 위해 일부러 무주택자들이 집을 가지지 못하도록 정책을 시행했다는 것은 말도 안 된다. 무주택자들이 집을 쉽게 가지도록 노력했지만, 능력도 안 되고 자만에 빠져 오기를 부리느라, 즉 비합리적인 사람들이라 앞뒤가 안 맞는 정책을 시행했을 것 같다. 하지만 경제학에서 사람은 모두 합리적이라고 가정한다. 경제학은 말을 믿지 않는다. 실제 행동을 보고 숨겨진 의도를 판단한다. 이런 시각에서 보면, 문재인 정권의 부동산 정책은 표를 얻기 위한 합리적 정책으로 해석할 수 있다.

4장

ECONOMICS
PARADOX

경제의 패러독스 1

《아틀라스》
– 자본가의 파업

세계적으로 유명한 경제 소설 중에《아틀라스Atlas Shrugged》가 있다. 에인 랜드가 1957년에 발표한 소설로 미국에서 성경 다음으로 큰 영향을 미친 책이라는 평가를 받는다. 보통 사람들을 위한다는 사회주의경제 시스템의 한계 그리고 경제에서 기업가와 기술자들의 역할에 대해 이 소설만큼 직설적으로 그린 작품은 드물다.

《아틀라스》는 사회주의 국가가 된 미국을 상정한다. 모든 사람이 서로 협력하고, 경쟁하지 않고 협조하려는 사회이다. 사회의 모든 시스템이 가난한 사람과 근로자들을 돕기 위해 움직인다. 근로자들에게 최대한 많은 일자리를 제공하는 것이 목표이고, 적정 임금을 지불한다. 근로자들이 해고되는 것은 사회 모두가 나서서 적극적으로 방어한다. 자본가와 기업가들의 탐욕은 철저히 억제한다. 더 많은 이익을 가져가지 못하게 하고, 경쟁기업을 무너뜨리지 못하게 한다. 사회주의에서 상정하는 이상적인 사회이다.

기업가와 자본가가 억제되고 근로자들이 아무 걱정 없이 살아가는 사회에 대해서는 그동안 많은 사회주의 이론이 이야기했다. 그런데 그런 사회주의 이론이 빠뜨린 것이 있다. 기업가와 자본가가 억제되고 근로자의 천국이 된 세상에서 기업가와 자본가들은 어떻게 반응할까?《아틀라스》가 위대한 소설이 된 것은 그에 대해 서술했기 때문이다.

　이윤을 추구하는 기업가와 자본가들이 비판을 받고 욕을 먹는 사회에서 기업가들은 더 이상 기업을 경영하려 하지 않는다. 자본가들은 더 이상 투자하려 하지 않는다. 즉 기업가와 자본가의 파업이다. 이 소설은 그런 사회를 구체적으로 묘사한다.

　파업은 경제 주체가 자신에게 주어진 생산활동이나 업무를 수행하지 않는 것을 의미한다. 우리는 보통 파업이라고 하면 근로자의 파업만 생각한다. 월급이 적어서 올려달라거나, 근로 조건이 열악하다고 파업한다. 근로자가 파업하면 사회적으로 이슈가 된다. 요구 조건이 워낙 말이 안 될 때는 오히려 여론이 악화하지만, 보통 열악한 근로 환경을 이유로 파업할 때는 사회적으로 동정을 얻는다. 파업은 탐욕스러운 기업가와 자본가에 대항하는 근로자의 무기이다.

　그런데 이는 그들만의 전유물이 아니다. 기업가와 자본가도 파업을 한다. 사회적 환경, 경제 조건이 불리하다고 여겨지면 그들도 파업을 할 수 있다. 하지만 사회적으로 어떠한 이슈도 되지 않는다. 그들이 파업했다는 것을 아무도 모른다. 파업의 방식이 다르기 때문이다. 근로자들은 모두 모여서 머리띠를 두르고 구호를 외치고 집단행동을 한다. 거리로 나와서 행진하고 도로를 점령하고는 한다. 자연스레 눈에 띄고 사회적 이슈가 된다. 하지만 기업가는 조용히 사업을 접는다. 자본가는 조용히 더 이상 투자를 하지 않을 뿐이다.

자본가는 자기가 가진 자본을 가지고 직접 기업을 세우거나, 다른 사람이 기업을 만들 때 투자하는 것이 주된 일이다. 그들이 파업하면 기업이 새로 만들어지지 않고, 기존 기업은 더 이상 성장하지 않거나 없어진다. 근로자의 파업이 기존 기업 활동을 막는다면 자본가의 파업은 아예 처음부터 기업이 만들어지지 못하게 한다. 우리 사회에서 생산활동을 담당하는 주체는 기업이다. 기업이 만들어지지 않고 성장하지 않으면 사회는 정체되고 쇠퇴한다. 일자리도 생기지 않고, 새로운 상품이 만들어지지도 않는다. 사실 이 사회에 더 큰 영향을 미치는 것은 근로자의 파업보다 자본가의 파업이다. 하지만 자본가의 파업은 조용하다. 그래서 이슈가 되지 않고 사람들이 알지도 못한다. 그냥 사회에서 일자리가 없어지고 새로운 상품이 나오지 않아 사회가 정체되고, 사람들이 살기가 점점 어려워질 뿐이다.

근로자와 자본가, 사업가 사이에는 근본적 차이가 있다. 근로자는 일을 해서 먹고사는 사람들이다. 일하지 않으면 굶어 죽을 수 있으니 어떤 일이든 해야 한다. 일할 조건이 나쁘다고 마음대로 그만둘 수 없다. 그래서 업무 조건이 나쁘면 회사를 그만두는 게 아니라 파업을 해서 업무 조건을 좋게 만들려고 한다. 근로자의 선택은 그냥 일을 하느냐, 아니면 파업을 하면서 일을 하느냐이다. 어쨌든 일은 계속한다. 일자리를 잃고 더 이상 일할 수 없다면 근로자에게 최악의 상황이다. 하지만 몇십억 원 이상의 돈을 가지고 있는 자본가, 사업가는 다르다. 이 사람들이 고민하는 것은 그 자본으로 기업 활동에 투자할 것인가, 아니면 그냥 있는 돈으로 놀고먹을 것인가의 문제이다. 막스 베버의 명저 《프로테스탄트 윤리와 자본주의 정신》에서는 돈이 있는 자본가들이 그냥 놀고먹지 않고 계속 사업을 하면서 일하는 것이 자본주의의 특징이라 보았다. 중세 귀족 시대에는 돈 있는 사람은 그냥 그 돈으로 놀고먹기만 했다. 하지만 자본주의 시대에는 돈 있는 사람들이 계속 기업을 키우고 투자를 한다. 돈이 있다고 경제활동을 하지 않고 놀고먹는 것은 제대로 된 자본주의 정신으로 보지 않는다.

그런데 사회 분위기가 자본가, 기업가를 욕하고 비판하면 더 이상 기업활동을 할 이유가 없다. 사람은 누구나 욕먹는 것을 싫어한다. 사회에서 기업 활동을 부정적으로 본다면 자본가, 사업가는 일부러 자기 돈을 들여 사업을 할 필요가 없다. 사회적으로 기업가들을 비판하는 분위기일 때, 사업소득에 대해 세금을 많이 떼갈 때, 사업을 하다가 범죄자가 될 가능성이 높을 때, 자본가는 파업을 하고 투자를 하지 않는다. 사업가는 파업을 하고 더 이상 기업을 만들지 않는다. 그들은 이런 방법으로 사회 분위기와 정부 정책에 대처한다. 그런다고 자본가들이 큰 피해를 입는 것도 아니다. 이렇게 되면 새로운 기업이 생기지 않고 있던 기업의 규모도 줄어든다. 근로자들의 일자리가 줄고, 월급 등 근로 조건이 조금씩 나빠진다. 새로 사회에 진출하는 청년들의 일자리는 부족해지고, 월급은 오르지 않는다.

소설《아틀라스》에서는 자본가, 기업가, 기술자가 사회에서 사라지면 사회에 어떤 충격이 발생하는가를 묘사한다. 기차가 고장나도 고칠 수 없고, 교량이 낡아도 수리가 불가능하다. 그러려면 돈이 필요한데 자본가와 기업가가 없으니 고칠 돈이 없다. 정부 세금으로 하면 되지 않느냐고? 세금의 절대량은 기업 활동에서 나온다. 근로자의 월급도 기업에서 지불한다. 기업이 돈을 벌지 않으면 정부도 돈이 없다.

소설에서는 자본가와 기업가가 사라진 사회를 국민이 직접 경험하고 그들을 다시 받아들인다. 자본가와 기업가가 제대로 활동할 때 대다수가 근로자인 국민이 잘살 수 있다. 자본가와 기업가가 없으면 국민의 삶이 힘들어진다.

빚을 안 갚아도 된다
– 자본주의의 꽃, 주식회사 제도

회사가 망했다. 은행 등에서 어마어마한 돈을 빌려서 회사를 운영하고 있었는데 적자를 이기지 못해 파산했다. 이러면 이 회사에 돈을 빌려준 은행이나 채권자는 돌려받지 못한다. 회사채를 구입한 채권자는 자기가 빌려준 모든 돈을 날린다. 돈을 빌려준 은행, 채권자만이 아니다. 이 회사와 거래하면서 물품을 공급한 협력사들도 돈을 받지 못한다. 여유가 없는 협력사는 같이 부도가 날 수도 있다. 또 이 회사에서 일해온 직원들은 밀린 월급을 받지 못하고 퇴직금도 날린다. 이렇게 이 회사와 관계를 맺어온 모든 사람이 큰 피해를 입는다.

그런데 이렇게 망한 회사의 사장은 이후에도 아무런 문제없이 잘 산다. 회사가 망해 사장 자리에서 물러났지만 그래도 여전히 좋은 집에 살고 해외여행을 다닌다. 회사는 망했는데 사장은 계속 부자이다. 대주주에 고용되어 월급만 받던 사장이었다면 어려워질 수 있겠지만, 대주주이자 사장은 계속 부자이다. 뭔가 잘못된 것 아닌가. 그래서 이런 일이 벌어지면 인터넷에서는 난리가 난다. 부자 사장이 자기 재산을 모두 팔아서라도 회사 빚을 갚아야 하는 게 아니냐고 주장한다. 실제 한국 정부는 이런 경우, 대주주 사장이 자기 재산을 다른 데로 빼돌리지 않았는지 조사하고, 사재를 털어서 회사 빚을 갚으라고 종용한다. 회사가 망하고 대주주 사장도 같이 망하는 건 이해할 수 있다. 그러나 회사는 망했는데 대주주 사장은 여전히 잘사는 꼴은 볼 수 없다. 그건 부당하고 불공정한 일 아닌가.

사장이 개인 돈을 털어서 회사 빚을 갚는 게 맞는 것 같다. 하지만 경제학과 경영학에서는 그래서는 안 된다고 본다. 지금 당장은 그게 정의인 것 같지만 장기적으로, 사회 전체적으로는 대주주 사장이 개인 재산을 털어 넣는 일이 사회를 더 악화시킨다. 아무리 부자라도 회사 빚은 갚지 않아도 된다. 그게 자본주의 경제의 원칙이다. 이 원칙이 제도화된 것이 자본주의의 꽃이라고 하는 합자회사, 주식회사 제도이다.

돈은 빌리면 갚아야 한다. 그러지 않으면 벌을 받아야 한다. 그게 인간 사회의 원칙이었다. 지금은 빌린 돈을 갚지 않고도 채권자에게 독촉하지 말라고 큰소리친다. 오래전에는 돈을 갚지 못하면 그 사람의 노예가 되거나 감옥에 보냈다. 동양과 서양을 막론하고 빌린 돈을 갚지 못했을 때의 처벌 규칙이었다. 그런데 이런 제도에는 문제가 있다. 사람들이 사업을 하려 하지 않는다는 점이다. 사업을 하면 반드시 빚을 진다. '나는 사업을 하면서 빚을 지지 않겠다'라고 결심해도 소용없다. 아무리 우량 기업이더라도 사업을 하다 보면 반드시 빚이 생긴다.

횟집을 한다고 하자. 일단 다른 가게에서 생선을 공급받아야 한다. 바로 현금으로 지불하면 빚이 없다. 하지만 매일 지불하면 서로가 귀찮다. 모아서 한 달에 한 번 지급하는 식으로 정리가 된다. 지금 생선을 받고 한 달 후 대금을 지불한다면 그게 한 달 사이의 빚이 된다. 종업원에게 그날의 일당을 지급하면 빚이 없다. 하지만 한 달에 한 번 월급을 지불하면 그 사이에 일한 대가가 빚이다. 그 한 달 사이에 망하면 생선 공급업자, 종업원이 채권자가 된다. 직원이 한두 명일 때도 이렇게 빚이 생긴다. 만약 어느 정도 규모가 있는 회사라면 빚의 규모는 굉장히 커진다. 우량기업이라서 항상 흑자를 내더라도 평소에는 이런 빚이 아주 많다.

이렇게 사업을 하다가 부도가 나서 회사가 망하면 어떻게 될까? 회사 운영자가 감옥에 가거나 노예가 된다고 해보자. 사업에 성공하면 큰돈을 벌 수 있다. 하지만 망하면 감옥에 가거나 노예가 된다. 둘 중 하나일 때 여러분은 사업을 할 수 있나? 못한다. 이런 시스템에서는 사업을 할 수 없다. 사업을 하더라도 부도가 날 가능성이 거의 없고, 부도가 나더라도 큰돈을 빚지지 않을 조그만 사업만 한다. 규모가 있는 사업은 할 수 없다. 그랬다간 감옥에 가거나 노예가 될 확률이 높아진다.

고려시대, 조선시대에 어떤 사업이 있었나 보자. 음식점이자 숙소인 주막, 대장간, 보부상 정도밖에 없었다. 한국만 그런 게 아니었다.

중세 유럽에서도 사업이라 하면 빵집, 술집, 음식점, 대장간이 다수였다. 조금 큰 기업이었다면, 임금을 주지 않아도 크게 문제되지 않던 가족기업이었다. 타인 몇십 명을 고용해서 크게 사업을 하는 경우가 없었다. 망하면 정말로 큰일 나기 때문이다. 이런 제도하에서는 대규모 사업이 생길 수 없다. 회사가 없고, 회사가 생기더라도 친인척만 고용하고 다른 사람을 고용하지 않으니 취업 자리도 없다.

이 문제를 해결하고자 나온 것이 합자회사이다. 합자회사는 무한책임을 지는 소유자와 유한책임을 지는 소유자가 같이 있는 회사이다. 이때 합자회사가 망하더라도 유한책임 소유자는 그 빚을 갚지 않아도 된다. 회사가 얼마를 빚지든, 자기가 회사에 투자한 돈만 날리면 끝이다. 회사의 빚 때문에 자기가 감옥에 가거나 노예가 되지 않아도 된다는 의미이다.

그전에는 회사에 어떤 식으로든 투자하면, 즉 지분을 가지면 지분의 양과 상관없이 회사의 빚을 모두 갚아야 했다. 안 그러면 감옥에 갔다. 하지만 이제는 회사에 돈을 투자해도 감옥에 가지 않는다. 회사가 잘되면 배당을 많이 받고, 회사가 망하면 투자금만 날린다. 이러면 사람들이 돈을 투자할 수 있다. 투자금이 많아지면 큰 규모의 사업도 가능해진다.

합자회사에는 유한책임 소유자도 있지만 무한책임 소유자도 있다. 무한책임 소유자는 회사의 빚을 끝까지 책임지고, 못 갚으면 감옥에 가는 사람이다. 그런데 뒤이어 나온 주식회사는 무한책임 소유자도 없다. 모두가 유한책임 소유자이다. 즉 주식회사에 투자하면, 회사가 얼마를 빚지든 그 빚을 갚지 못했을 때 투자자, 소유자가 같이 망할 일은 없다. 감옥에 갈 일도 노예가 될 일도 없다. 단지 자기가 투자한 돈만 날리면 끝이다. 주식회사가 생기면서부터, 그러니까 회사가 망해도 투자자 개인이 망하지 않도록 하면서부터 대규모 투자가 가능해졌다. 공장을 짓는 것이 가능해지고, 몇백 명, 몇천 명을 고용할 수 있게 된다. 주식회사가 만들어지기 전에는 몇천 명을 고용했다가 월급을 못 주면 내 재산을 모두 팔아서라도 주어야 했다. 그러니 회사에 투자하고 회사를 만들 수 없었다. 하지만 주식회사에서는 직원들에게 월급을 못 주어도 내 재산은 보전할 수 있다. 이러면 투자할 수 있다.

기술이 발전해서 사회가 좋아졌다고 생각해서는 곤란하다. 아무리 기술이 발전해도 그 기술을 이용해서 사업하는 사람이 나오지 않으면 세상은 좋아지지 않는다. 제임스 와트가 증기기관을 발명해서 산업혁명이 발생한 게 아니다. 그 증기기관으로 재화를 대량 생산하는 공장을 만들면서 산업혁명이 시작되었다. 주식회사가 없으면 이러한 대규모 공장을 만들 수 없었다.

결국 주식회사는 회사 소유주, 투자자에게 빚을 갚지 않아도 되니 대신 투자를 더 많이 하라는 제도이다. 빚을 갚지 않아도 된다니 부도덕하다. 회사가 망해도 사장, 대주주는 여전히 잘살 수 있으니 말도 안 되는 것 같다. 하지만 그렇게 해야 회사가 만들어지고 공장이 만들어진다. 부도덕하지만 사회 발전에 필수적이다. 주식회사는 자본주의의 대표적인 패러독스이다.

비트코인 가격에 대한 논쟁

   물건의 가격은 어떻게 정해지는가? 가치가 높으면 비싸고 가치가 낮으면 싸다. 그리고 아무 가치가 없으면 가격은 0이 되어야 한다. 이게 보통 우리가 가지는 상식이다. 그러면 가치가 높고 낮은 건 어떻게 판단할까?

   현대 경제학과 경영학은 자산의 측정 방법에 대해 수많은 기법을 발전시켰다. 기업의 경우 기업 가치를 판단하는 수단으로 PER, PBR, ROE, ROIC, ROA 등 많은 지표를 만들었다. 부동산의 경우에도 부동산 가치를 판단하는 기준으로 원가법, 수익환원법, 매매사례법 등 여러 기법이 있다. 이런 가치평가가 중요하다 보니 아예 감정평가사라는 공인자격증까지 만들어 중요한 자산의 가치를 평가하도록 하고 있다. 특히 보험회사로서는 고객의 보험료와 보상액을 산정하기 위해 가치평가가 필수이다. 보험회사는 기업, 부동산만이 아니라 사고 위험, 리스크 등 무형적인 것도 반영하는 가치평가 기법을 갖추고 있다.

이렇게 가치평가 기법이 발달한 현대사회에서 가치평가와 관련해 가장 큰 논란이 되고 있는 것이 비트코인이다. 비트코인이 자산이라는데, 도대체 그에 무슨 가치가 있나? 자산이면 그 자산을 보유해서 뭔가 수익이 나올 수 있어야 한다. 부동산을 가지고 있으면 임대료를 받을 수 있고, 기업이 있으면 영업활동으로 수익을 얻을 수 있다. 그런데 비트코인을 가지고 있다고 해서 무슨 수익을 기대할 수 있나. 기대할 수 있는 수익은 비트코인 가격 자체가 올라서 얻는 수익뿐이다. 비트코인을 오래 가지고 있다고 해서 뭔가 부수적 이익이 생기지는 않는다.

가지고 있다고 수익이 생기지 않는다면, 최소한 사용할 때 이익은 있어야 한다. 비싼 그림을 집에 걸어둔다고 이자 수익이 생기지는 않는다. 하지만 집에 걸린 그림을 보면서 뭔가 감정을 느끼는 효용이 있다. 그런 효용이 있다면 수익이 없더라도 가치를 인정할 수 있다. 하지만 비트코인은 그런 것도 아니다. 볼 수도 만질 수도 없다. 비트코인은 그냥 전자기록일 뿐이다. 가치를 평가하는 사람들에게 비트코인은 이해할 수 없는 현상이다. 분석을 하려 해도 실마리가 전혀 없다. 아무리 봐도 가치가 안 보이는데 그 가격이 1억 원을 넘고 있다. 이게 말이 되는가.

가치평가 전문가뿐만 아니라 일반인에게도 비트코인 가격은 이해가 안 되는 현상이다. 아무 사용 가치가 없고 보유 가치도 없다. 가지고 있다고 해서 좋은 점은 하나도 없다. 그런데 왜 비트코인 가격이 1억 원을 넘긴 건가. 비트코인은 투기일 뿐이라는 비판이 나온다. 새로운 구매자가 등장하면 이익을 얻지만 그렇지 않으면 폭탄 돌리기일 뿐이라는 것이다. 누군가는 이따금 "비트코인이 언젠가 20만 불, 30만 불을 넘을 것이다."라고 예측하긴 하지만 이건 과거 추세에 기반한 기술적 차트 분석일 뿐이다. 과거에 그랬으니 앞으로도 그럴 거라는, 과학적이라 볼 수 없는 추세 예측이다.

그런데 나는 가치평가로 비트코인 가격을 산정하는 시도에 의문을 가진다. 가격은 어떻게 형성되는가? 경제학에서는 그 답이 분명하다. 공급과 수요에 의해 결정된다. 보유가치, 사용가치, 수익가치에 의해 가격이 정해지는 것이 아니다. 공급의 양과 수요의 양에 의해 가격이 결정된다. 이건 숨겨진 경제학 진리나 고급 경제 이론이 아니다. 전 세계 모든 경제학 교과서인 경제원론, 경제학개론 앞부분에 나오는 이야기이다. 경제학을 처음 배우는 사람이 가장 먼저 배우는 것이 가격은 공급과 수요에 의해 결정된다는 이론이다.

사실 가치평가를 위한 PER(주가수익비율), PBR(주가순자산비율), ROE(자기자본이익률) 등 수많은 이론은 그 자체가 가격에 영향을 미치지 않는다. PER이 낮으면 수요가 증가하겠지, ROE가 높으면 수요가 증가하겠지 등으로 수요에 영향을 미치는 요소들을 찾아내서 분석하는 것일 뿐이다. 그래서 실제 기업 가치를 보면 PER이 높아도 비싼 기업, ROE가 낮아도 비싼 기업이 있고 반대의 경우도 수두룩하다. 그러니 PER, ROE 등과 관계없이 기업 주식에 대한 수요가 높으면 비싸지고, 수요가 낮아지면 싸진다고 봐야 한다.

가치 이론으로 보면 비트코인의 가격이 높은 건 설명할 수 없는 현상이다. 실제 사용가치도 없고, 수익을 주지도 않으며, 보존 가치도 없다. 하지만 원래 경제학의 가격 결정 이론인 수요-공급 면에서 보면 충분히 설명된다. 비트코인의 공급은 2100만 개로 고정이다. 다른 자산과 달리 공급량이 늘지 않는다. 그런데 수요는 계속 증가한다. 처음에 비트코인은 컴퓨터 전문가들 사이에서만 알려지고 오갔던 품목이다. 그러다 얼리어답터들 사이에 알려지고 그들 사이에서 거래되었고, 이후 범죄 조직 등에서 수요가 있었다. 그러다 드디어 일반에 알려지면서 보통 사람들이 비트코인에 관심을 가지게 되었고, 이후 월스트리트 투자가들이 투자 상품으로 만들어 기업들도 투자할 수 있게 했다. 이렇게 비트코인은 그 수요층이 계속 증가해왔다. 공급이 고정된 상태에서 수요가 증가하면 가격은 오른다. 그게 경제 원리이다.

그러면 앞으로는 어떻게 될까? 비트코인의 가격은 계속 오를까, 아니면 이제 충분히 올랐으니 하락할까? 그건 앞으로 수요가 증가하느냐 아니냐에 달려 있다. 비트코인의 수요가 지금보다 증가하면 더 오를 것이고, 수요가 감소하면 가격이 떨어질 것이다.

비트코인의 수요는 이제 충분한 것 같다. 지금은 모든 사람이 비트코인을 알고 있다. 하지만 아직도 수요가 증가할 여지는 있다. 우선 한국의 경우, 비트코인을 살 수 있는 건 일반인뿐이다. 기업이나 금융기관은 비트코인을 살 수 없다. 그런데 원래 자산을 많이 구입해서 보유하는 건 일반인이 아니라 기업과 금융기관이다. 주식도 기업과 금융기관이 일반인보다 훨씬 많이 보유하고 있고, 금도 금융기관이 주로 보유한다. 한국에서 기업과 금융기관이 비트코인을 구입할 수 있게 되면 그 수요는 지금보다 훨씬 늘어날 것이다. 또 현재 비트코인이 세계적으로 수요가 있다 해도 아직 한국은행, 미국 연준 같은 각국 중앙금융기관은 비트코인을 구입하지 않는다. 세계 각국 중앙은행들이 비트코인을 비축 자산으로 구입하기 시작하면 지금보다 훨씬 더 수요가 증가할 것이다. 나아가 현재 세계에는 러시아, 중국 등 비트코인 거래를 금지하는 나라들이 적지 않다. 이런 나라들이 정책을 바꾸어 비트코인 거래를 허용하면 수요는 더 증가할 것이다.

우리는 높은 가치가 있는 것은 비싸고 가치가 없는 것은 싸다고 생각한다. 쓸데가 많은 것은 비싸고, 쓸데없는 것은 싸다고 판단한다. 그러나 경제학에서 가격은 그런 식으로 정해지지 않는다. 가치가 없어도 공급이 한정되고 수요가 크면 비싼 값을 받을 수 있다. 쓸데없어도 사람들이 찾으면 가격이 높아진다. 가격은 그 대상의 가치를 반영하지 않는다. 수요와 공급만 반영한다. 상품의 실제 가치와 가격을 혼동하면 곤란하다. 비트코인의 가격이 그것을 이야기해 준다.

전쟁의 덕을 많이 보는
경제학

경제학은 평화에 기여하는 학문이라 일컬어진다. 그 이유는 간단하다. 경제학은 항상 상호의존을 이야기한다. 경제학의 기본 원리 중 하나가 분업이다. 한 사람, 한 국가가 모든 것을 다 하지 않고 다른 사람, 다른 국가와 일을 분담해서 수행할 때 훨씬 더 잘살 수 있다고 본다. 즉 각각의 국가는 다른 국가들과 수출, 수입 거래를 통해 긴밀하게 연결될 때 더 행복한 삶을 살 수 있다.

한 국가는 다른 국가와 연결되는 게 좋은가, 아니면 독자적으로 혼자 지내는 게 더 좋은가? 다른 나라와 우호 관계 없이 독자적으로 지낼 때 상대방 국가와 사이가 틀어지고 전쟁할 가능성이 커진다. 다른 나라와 계속 거래하면서 만나게 되면 싸울 일이 적어진다. 그런데 국제 관계에서 다른 나라와 잘 지내면서 거래하라고 하는 학문은 경제학밖에 없다. 정치학에서도 다른 나라와의 관계에 대해 이야기하지만 그건 외교가 주된 내용이지 상호평등한 관계에서 지내라는 건 아니다. 국제 관계에서 강대국이든 약소국이든 서로 대등한 거래 주체로 보는 건 경제학밖에 없다. 그런 점에서 경제학이 국가 간 평화에 기여한다는 건 어느 정도 일리가 있다.

겉으로 보기에는 그렇다. 하지만 실제 경제 발전 과정에서는 전쟁이 큰 역할을 담당한다. 경제 발전, 경제 성장에서 가장 중요한 요소 중 하나가 전쟁이다. 전쟁을 잘 이용하는 국가가 크게 성장한다. 전쟁이 경제에서 중요한 이유는 투자 때문이다. 케인스 경제학에 의하면 경제 성장, 발전에 영향을 미치는 주된 요소는 소비, 투자, 정부지출, 수출 및 수입이다. 이 중 경제에 가장 큰 영향을 미치는 건 투자이다. 그런데 전쟁이 발생하면 이 투자가 크게 증가한다.

보통 투자는 돈을 더 많이 벌기 위해 진행한다. 돈을 벌기 위해 회사를 만들고 공장을 지으면서 투자가 진행된다. 그런데 돈을 벌기 위한 투자와 전쟁에서 이기기 위한, 즉 전쟁에서 살아남기 위한 투자 중 어느 쪽이 더 클까? 아무리 돈이 좋다 해도 전쟁에서 이겨 살아남는 게 훨씬 더 중요하다. 전쟁에 이기기 위한 투자에는 한도가 없다. 모든 것을 희생하더라도 전쟁에서 이기기 위해 투자를 멈추지 않는다. 이런 투자는 궁극적으로 국가 발전에 큰 영향을 미치게 된다.

1905년, 아인슈타인이 $E=mc^2$이라는 공식을 발표한다. 여기서 E는 에너지이고 m은 물질의 질량, c는 빛의 속도이다. 물질이 에너지로 변환될 수 있다는 이론을 제시한 것이다. 물질의 최소 단위로 알려진 원자가 에너지로 바뀔 수 있다. 이때 빛의 속도의 제곱이 곱해지는 에너지가 만들어지기 때문에, 그야말로 엄청난 에너지로 바뀐다. 이것이 원자폭탄의 이론적 근거이다. 하지만 이건 어디까지나 이론이었을 뿐이다. 실제 원자 물질을 에너지로 바꾸기 위해서는 엄청난 인원과 기계장치, 비용이 들어간다. 그 이론을 현실화할 생각은 아무도 못 했다. 그러나 전쟁이 가능하게 했다.

제2차 세계대전이 일어났다. 독일은 엄청난 무기가 될 수 있는 원자폭탄 개발 계획을 세웠고, 독일이 먼저 개발할까 봐 두려웠던 미국은 본격적으로 원자폭탄 개발에 나섰다. 약 13만 명이 투입되고 20억 달러 이상 자금이 투자되었다. 미국 전역 약 30곳에 시설을 만들어 연구했고, 주요 과학자들을 끌어들여 원자폭탄 개발에 전념하게 했다. 이런 엄청난 투자에 힘입어 결국 원자폭탄을 만들었다. 전쟁이 아니었다면 불가능한 투자였다. 전쟁을 위한 투자였다 해도 그 결과는 절대 전쟁 수행에만 한정되지 않는다. 전쟁 승리가 동기가 되었지만, 그 과실은 그 후 경제에 긴밀한 영향을 미친다. 현재 세계적으로 이용되는 원자력 발전은 이 원자폭탄 개발로 시작되었다.

라이트 형제는 비행기를 발명했다. 그런데 처음에는 부유층의 장난감이나 신기한 놀이 도구로 인정되었을 뿐이다. 비행 실험 성공후 라이트 형제는 계속 비행기를 개량해나갔지만 실용화는 기대할수 없었다. 비행기가 정말로 역사 속에 들어온 건 국방부가 라이트형제의 비행기에 관심을 가지게 되면서다. 하늘에서 정찰용으로 사용할 수 있다는 것을 인식한 국방부가 대량으로 비행기를 주문했고, 이런 투자에 힘입어 비행기는 드디어 실용화되었다. 이후 비행기는 하늘에서 폭탄을 떨어뜨리는 용도로 사용되면서 막강한 힘을 발휘했고, 계속 발전하면서 드디어 민간 항공기로 전환된다.

깡통 통조림도 군대에서 먹을 음식으로 투자된 것이고, 인터넷도 군사용으로 개발되었다. 로켓도 군사용이었고, 현대 생활에서 빠뜨릴 수 없는 내비게이션 GPS도 군사용이었다. 모두 어마어마한 투자를 통해 개발되었다. 돈을 벌고자 하는 사람은 감당할 수 없는 규모의 투자였고, 전쟁에서 이기기 위한 투자였기 때문에 개발될 수 있었다.

전쟁은 이런 기술개발과 그로 인한 경제 발전에만 영향을 미치지 않는다. 전쟁은 생필품, 소모품 소비를 크게 늘려 이를 생산하는 국가의 경제에도 큰 기여를 한다. 1929년에 시작된 미국의 대공황을 끝낸 것은 1941년 태평양전쟁의 시작이었다. 루스벨트 대통령이 1930년대 이후 뉴딜 정책을 실시하고 테네시 강 개발 등 여러 공공사업을 추진했지만 미국 경제는 불황에서 벗어날 수 없었다. 그런데 1941년, 일본과 전쟁을 시작하면서 일거에 10년 가까이 이어진 불황에서 벗어난다. 전쟁을 개시하면서 무수한 군수물품을 생산해야 했고, 이를 위해 수많은 사람을 고용해야 했다. 실업 상태에 있던 사람들이 대부분 일자리를 구하면서 미국은 세계 최강의 경제국가로 다시 일어선다.

전쟁에서 패한 일본이 다시 부흥한 계기는 1950년 한국전쟁이었다. 전후 폐허 속에서 먹고살 길이 막막하던 일본은, 한국에서 전쟁이 일어나고 미군 등이 사용할 군수품 생산을 시작하면서 일거에 호황으로 접어든다. 한국도 전쟁 특수를 누린 적이 있다. 베트남전 쟁에 참여하면서 그야말로 엄청난 돈을 벌었다.

전쟁은 기반 시설을 파괴한다. 철도의 경우 보통 때는 자잘한 고장만 발생하고 그걸 보수하는 수준의 일자리, 소득만 있다. 하지만 전쟁이 나면 철도가 모조리 파괴된다. 그러면 만들기 위한 투자가 이루어진다. 건물이 파괴되면 철거하고 새로 짓는다. 보통 때의 보수에 비해 엄청난 경제적 효과를 일으킨다.

전쟁은 비극이다. 그런데 비극은 전쟁 당사자와 주변인에 한정된다. 좀 떨어져 있는 사람들에게 전쟁은 큰 경제적 기회가 된다. 인정하기 어려울 수 있지만, 전쟁을 많이 하는 국가가 기술개발도 많이 하고 경제적으로 더 큰 힘을 가진다. 현재 세계에서 가장 전쟁을 많이 한 국가는 미국이다. 미국이 세계적 기술을 많이 보유하고 세계 경제 강국인 이유와 무관하지 않다. 전쟁 당사자를 빼고, 전쟁은 경제에 긍정적인 영향을 미치기도 한다.

신자유주의는 정말
현대 경제를 악화시킨 오류인가

현대 사회의 불평등을 강조하는 측에서는 1980년대 신자유주의를 비판한다. 그에 대한 논리는 대강 다음과 같다. 세계 경제는 1960년대, 1970년대 계속해서 소득 불평등이 감소하고 있었다. 이때는 자본주의가 활개 치지 않았고, 부자에 대한 세금도 높고 가난한 자에 대한 복지도 증가하고 있었다. 돈보다는 사회 공공의 이익을 중시하는 분위기였다. 그러던 것이 1980년대 신자유주의가 시작되면서 모든 것이 달라졌다. 1980년대 신자유주의의 대표 주자는 영국의 대처 총리, 미국의 레이건 대통령이다. 대처는 1979년에 총리가 되어 1980년대 신자유주의를 추진했다. 레이건도 1980년에 대통령에 당선되어 신자유주의를 적극 도입했다. 신자유주의를 비판하는 사람들에게 대처 총리와 레이건 대통령은 대표적인 악당으로 남아 있다.

대처와 레이건으로 대표되는 신자유주의는 민영화, 부자의 세금 감소, 기업의 자유화, 복지제도의 감축을 추진했다. 그동안 공기업 형태로 운영되던 기업들이 민영화되었다. 그러면서 요금이 올랐다. 공공성을 중시하는 공기업에서는 낮은 가격으로 서비스를 제공했는데, 민영화되면서 이익을 중시하는 사기업 체제가 되었다. 사기업은 이익 증대를 위해 가격을 올린다. 기업은 좋아졌지만, 국민은 어려워졌다. 특히 신자유주의에서는 재정 안정을 위해 복지제도를 크게 줄였다. 국민을 위한 복지가 줄면서 어려움을 겪는 국민이 늘어난다. 이에 비해 부자의 세금은 감소되면서 자산이 급격히 증가한다. 부자의 이익을 사회가 흡수하지 못하게 되면서 부자는 더 부자가 되어갔다. 1980년대 이후 빈부격차는 심화된다. 지니계수, 소득분배율 등 어떤 지표를 봐도, 1980년대 이후 세계의 불평등은 증가되었다. 가난한 사람의 소득은 제자리인데 부자의 소득은 크게 늘었다.

자유화는 자본주의의 득세를 의미한다. 돈을 버는 것이 가장 중요하게 되고 이익, 이윤의 논리 앞에 다른 가치들은 힘을 잃는다. 환경보호, 인권보호 등 우리가 지키고 보전해야 할 중요 가치들이 있는데, 돈만 중요시하는 자본주의 논리가 압도했다. 천박한 사회가 된 것이다.

1980년대 신자유주의는 2020년대 현재까지 경제의 기본 원리가 되어 있다. 2008년 세계금융위기 발생으로 신자유주의가 몰락했다고 보았지만 그래도 지금까지 신자유주의적 논리로 경제가 운영되고 있다. 이 신자유주의에서 세계화가 나왔다. 자본이 국경을 넘어

쉽게 이동하는 세계화 속에서 기업은 자기 나라를 떠나 임금이 싼 다른 나라로 공장을 이전했다. 선진국의 노동자들이 힘들어진 이유이다. 미국 자동차회사들은 미국을 떠나 다른 곳에 공장을 지었고, 미국 근로자들은 일자리를 잃었다. 한국 노동자의 지위가 위협받는 것도 이 때문이다. 기업들이 해외에 공장을 지어서 국내 일자리가 줄어든다.

코로나19 이후로 크게 부각되는 경제문제 중 하나가 공급망 문제이다. 중국이 상하이를 봉쇄하니 중국 상하이 공장에서 생산되는 부품을 구하지 못해 전 세계 자동차 공장이 멈춘다. 한 나라 안에서 부품을 모두 생산해서 제작하는 과거 시스템이라면 문제가 없었다. 자본주의화, 세계화 때문에 부품 공장들이 세계 각국에 흩어져 있어 공급망 문제가 생긴다. 이렇게 신자유주의는 경제의 불안정성을 증가시키는 약점도 갖고 있다.

신자유주의에 대한 이러한 비판은 옳다. 신자유주의하에서 빈부격차가 증가된 건 사실이고, 세계화가 본격적으로 추진되어 공장들이 세계 각국으로 퍼진 것도 맞는다. 이 때문에 일자리를 잃은 사람이 많이 생겼고, 노동조합은 힘을 잃었다. 어느 한 나라의 생산 위기가 전 세계로 파급되고, 어느 한 나라의 금융위기가 전 세계 금융위기로 확산되는 위험이 크게 증가했다. 그러나 그렇다고 해서 1970년대 경제가 더 좋았고, 1980년대 이후 신자유주의가 안 좋았다고 판단할 수는 없다. 1970년대에서 1980년대 신자유주의로의 변화는 분명히 발전이고 성장이다.

나는 1980년대 이후 신자유주의를 비판하면서 1970년대 경제 시스템이 더 나았다고 이야기하는 사람들을 이해하기 어렵다. 20세기 경제사에서 가장 어려웠다는 두 시기가 있다. 하나는 1929년의 대공황이다. 자산시장이 폭락하고 실업률이 20%를 넘었다. 자본주의 역사상 최대 공황이었다. 미국에서 일어난 일이니 미국만 어려웠고 다른 나라는 괜찮았다고 볼 수 없다. 미국은 전 세계에서 경제 규모가 가장 큰 나라이다. 전 세계가 미국으로 상품을 수출하면서 돈을 벌었다. 미국이 대공황이면 세계 다른 나라들도 대공황의 여파를 맞는다.

20세기 경제사에서 암흑으로 남은 또 하나의 시기는 1970년대이다. 이때의 특징은 스태그플레이션이다. 물가는 오르고 실업률은 높았다. 보통 경제가 안 좋다고 하면 물가가 높거나 실업률이 높거나 둘 중에 하나이다. 그런데 1970년대 불황은 물가가 높으면서 실업률도 높았다. 1950년대, 1960년대 미국의 실업률은 3~6%였다. 그런데 1970년대에는 6~9%였다. 2022년에는 3.6%였다. 즉 1970년대 미국의 실업률은 최고 수준이었다.

이렇게 실업률이 높으면서 인플레이션은 20%에 육박했다. 인플레이션 때문에 은행 금리도 20%가 넘었다. 2025년 한국에서는 은행의 부동산 담보 대출 이자율이 5%만 되어도 큰 걱정을 한다. 그런데 금리가 20%가 넘으면 어떤 현상이 벌어질까. 1970년대 미국은 실업률과 인플레이션이 높았고 정부 재정 적자는 어마어마해서 쓸 돈이 없었으며 그런 상태에서 공기업은 모두 적자라서 세금을 들이부어야 했다. 1970년대 경제가 잘 굴러가고 있는데 갑자기 대처와 레이건이 나타나서 신자유주의로 정책을 바꾼 것이 아니다. 빈곤층, 중산층이 아무 문제없이 잘살고 있는데, 대처와 레이건이 부자 세력의 도움으로 정권을 잡은 것이 아니다. 1970년대 사람들은 워낙 살기가 힘들었다. 그래서 뭔가가 달라져야 한다고 생각했다. 1970년대 경제 시스템으로는 안 된다고 생각했기 때문에 경제를 자유주의로 바꾸겠다고 외친 대처 총리와 레이건 대통령을 지지한 것이다.

1970년대 빈부격차가 다른 시대에 비해 아주 낮았던 것은 맞는다. 하지만 그것을 보고 1970년대가 좋았다고 생각하면 곤란하다. 한국 경제에서 최근 몇십 년 동안 빈부격차가 가장 적었던 시기는 언제일까. 1997년 IMF 사태 직후이다. 기업이 모두 망했고 주식, 부동산에 투자한 부자도 완전히 망했다. 그래서 빈부격차가 낮아졌다. 부자들이 망했다고 보통 사람들의 삶이 좋아지거나 그대로였던 것은 아니다. 일자리를 잃고 실업자가 되었다. 당시 2년이 넘도록 기업은 신입사원 모집을 아예 하지 않았다. 고교, 대학을 졸업하고 사회에 진출하는 사람들이 모두 실업자가 되던 시대이다. 한국에서 IMF 사태 시기는 악몽이다. 이전과 이후 어떤 경제위기도 IMF 사태와 비교할 수는 없다. 하지만 빈부격차는 낮았다. 1970년대 낮았던 빈부격차를 보고 그때가 좋았다고 생각하는 것은, IMF 사태 때 빈부격차가 낮았던 것을 보고 그때가 좋았다고 생각하는 것과 마찬가지이다.

1980년대 이후 신자유주의에 대한 비판은 일리가 있고 정당하다. 하지만 그렇다고 빈부격차가 적었던 1970년대를 모델로 삼는다면 정말 곤란하다. 세계 경제는 신자유주의 때문에 망한 것이 아니다. 신자유주의 때문에 1970년대 악몽에서 벗어난 것이다.

신자유주의가
우리 삶에 미친 영향

1980년대에 시작된 신자유주의를 비판하는 사람들은 신자유주의가 도래하고 나타난 문제점들을 지적한다. 일단 빈부격차가 커졌다. 그리고 노동 안전성이 낮아졌다. 1970년대까지만 해도 직장에 한 번 취직하면 정년까지 계속 다니는 것이 원칙이었다. 일본의 종신고용제가 유명하지만 일본만 정년이 보장되었던 것은 아니다. 미국도 1960년대, 1970년대까지는 정년까지 다니는 것이 일반적이었다. 신자유주의 시대가 되면서 기업 사정에 따라 언제 해고될지 모르는 직장의 불안전성이 크게 증가한다. 또한 복지제도가 크게 축소했다. 복지 지원 대상과 지원금이 크게 줄었다. 공기업들이 민영화되면서 공공성이 아닌 수익성 중시가 된 것도 문제점이다. 민영화 대상이던 철도, 전기 등의 요금이 크게 올라 시민의 부담이 늘었다.

사실 이런 것들은 한국의 이야기가 아니라 미국 등 선진국의 이야기이다. 한국에서 정년 보장 원칙이 무너진 것은 1997년 IMF 사태 이후였고, 당시 한국은 원래 복지제도가 많지 않았던 상황이라 복지제도가 축소되었다고 보기는 어렵다. 한국도 민영화가 추진되었지만, 영국은 적자 공기업이 민영화된 것이고 한국은 주로 흑자 공기업이 민영화된 것이다. 영국은 적자기업이 민영화되어 살아남아야 했기에 요금을 올려야 했다. 한국은 흑자 공기업이었기 때문에 민영화를 이유로 따로 요금을 올릴 필요는 없었다. 사실 이건 신자유주의 자체 문제가 아니라 서구 국가의 신자유주의 문제라고 봐야 한다.

그러면 신자유주의로 좋아진 점은 무얼까? 가장 큰 특징은 규제 완화이다. 특히 정부, 공기업이 독점하던 사업들, 민간이 운영하더라도 강력히 규제하던 산업들을 민간이 자유롭게 할 수 있게 한 것이 신자유주의의 핵심이다. 1970년대 이전 대표적이던 정부 독점, 규제 산업이 통신, 철도, 항공, 전력, 은행이다. 사회 유지에 필수인 것으로 인정된 사업들이기 때문에 국가가 운영하거나 강력히 규제했다. 신자유주의가 되면서 이런 산업에 대한 규제가 풀렸다.

특히 항공은 아주 중요한 국가 기간산업이다. 그래서 정부의 엄격한 규제를 받았다. 아무나 항공 사업을 할 수 없었고, 요금도 마음대로 정할 수 없었다. 그런데 신자유주의가 도래하면서 항공 사업이 자율화된다. 한국도 원래 대한항공밖에 없었다. 신자유주의 논리가 도입되면서 아시아나항공이 생기고, 이후 진에어, 제주항공 등 저비용항공사들이 생겼다.

한국인들이 해외여행을 자유롭게 다닐 수 있게 된 것은 신자유주의로 항공 요금이 크게 낮아졌기 때문이다. 코로나19로 편수가 급격히 감소한 2023년 초, 그전에 100만 원대에도 왕복할 수 있던 미국행 이코노미석이 400만 원을 넘겼다. 신자유주의 이전에는 원래 이 정도 부담해야 했다. 1970년대의 기조가 지금까지 계속되었다면 해외여행을 경험하는 사람은 극소수였을 것이다.

뭐니뭐니 해도 지금 우리에게 가장 큰 변화는 인터넷, 스마트폰으로 대표되는 생활 양식이다. 이는 통신 산업 자유화의 산물이다. 1970년대까지 통신 산업은 대표적인 국가독점 사업, 아니면 강력히 규제받는 사업이었다. 신자유주의 이후 자유화되었고 통신 사업자가 크게 증가하면서 경쟁체제로 들어선다. 독과점일 때는 통신사가 특별히 새로운 서비스를 제공할 필요가 없었다. 그런 게 없어도 사람들은 전화를 써야만 했고 일정한 수익이 담보되었다. 하지만 통신 산업이 경쟁체제가 되면서 각 통신사는 새로운 사업을 계속 도입했다. 그러면서 새로운 인터넷 서비스, 스마트폰 서비스가 제공될 수 있게 된다.

가장 대표적인 예가 애플 아이폰 등장이다. 애플은 2007년 스마트폰을 소개하면서 현대인의 생활 혁명을 이끌어냈다. 그런데 통신 사업이 독점이었다면 아이폰은 나올 수 없었다. 독점이었을 때 통신 산업은 통신사가 완전한 갑이었다. 한국의 경우 한국통신(현 KT)이 갑이었다. 통신장비를 만드는 회사들은 자기 마음대로 통신기기를 만들 수 없었다. 통신사가 원하는 기종, 원하는 기능만 만들어야 했다. 통신사가 사용을 허가해야 통신기기를 사용할 수 있었기 때문이다. 아이폰은 한국의 통신사인 KT, SK텔레콤이 받아주어야만 사용할 수 있었다. 통신사가 안 쓰겠다고 하면 아무리 아이폰이라도 쓸모가 없다.

처음 아이폰이 나왔을 때 한국의 통신사들이 받아들이지 않았다. 아이폰의 와이파이 기능을 없애라고 요구했다. 사람들이 인터넷을 이용하고 싶으면 모바일 데이터를 쓰라는 것이다. 그래야 통신사가 더 많은 요금을 챙길 수 있다. 그런데 아이폰은 와이파이 기능을 집어넣었다. 애플은 어떻게 했을까? 애플은 각 나라에서 순위가 낮고 경쟁력이 낮은 통신사와 접촉했다. 1등 통신사는 이미 충분한 수익을 얻고 스스로 갑이라 생각한다. 아이폰의 콘셉트를 따를 생각이 없다. 하지만 순위가 낮은 통신사는 입장이 다르다. 시장 점유율을 올리고자 했고, 아이폰의 요구를 받아들인다. 그렇게라도 해서 점유율을 올리는 것이 중요하다. 애플은 각 국가에서 하위 통신사에 독점권을 주었고, 하위 통신사는 아이폰을 도입함으로써 큰 수익을 얻었다.

그런 이유로 2007년에 전 세계에 소개된 아이폰이 한국에서는 2009년에야 도입된다. 정부가 한국에서 출시되는 스마트폰에는 한국 운영체제인 위피가 탑재되어야 한다는 등 규제가 강했기 때문이다. 하지만 시대의 흐름을 거스를 수 없었기에 한국 정부는 결국 통신 규제를 풀고 아이폰 국내 도입을 인정했다. 그리고 아이폰은 당시 SK텔레콤을 따라잡으려는 2위 이동통신사업자 KT에서 시작된다.

즉 한국에서도 미국에서도, 아이폰으로 인한 스마트폰 시대가 도래한 것은 통신 산업에 대한 규제가 풀렸기 때문이다. 1970년대의 강력한 통신 산업 규제하에서는 스마트폰이 나올 수 없었다. 신자유주의로 이 규제가 풀리면서 인터넷, 스마트폰 시대가 되었다. 한국은 통신 규제가 늦게 풀렸고, 그만큼 아이폰도 늦게 도입된 것이다.

1990년대 인터넷의 경우도 마찬가지이다. 신자유주의로 통신 규제가 완전히 풀렸기에 인터넷 통신, 컴퓨터 통신이 발전한 것이다. 지금 우리 생활에서 떼놓을 수 없는 인터넷 정보통신 혁명은 신자유주의에서 파생된 결과이다. 전기자동차 등 지금도 계속 새로운 사업이 등장하는 것도 신자유주의 때문이다. 1970년대에는 마음대로 사업체를 만들 수 없었다. 일반 자영업이라면 모를까, 규모가 있는 사업은 기본적으로 허가제였다. 즉 진입규제가 강했다. 정부가 해도 된다고 해야 사업을 할 수 있지, 새로운 아이디어가 있다고 사업을 하는 게 아니었다.

신자유주의는 이런 진입규제를 대부분 철폐했다. 그래서 사업자는 새로운 아이디어로 시작할 수 있게 된다. 쿠팡, 마켓컬리, 카카오택시, 카카오페이 등은 1970년대 진입규제가 강했던 시절에는 꿈꿀 수 없던 사업이다.

우리는 어떤 시대가 좋은지 판단해야 한다. 빈부격차가 적고 복지제도가 많지만 스마트폰, 인터넷 쇼핑몰이 없는 세상이 좋은지,

빈부격차가 증가하고 직업 안정성은 낮지만 스마트폰을 사용할 수 있고 해외여행을 싸게 다녀올 수 있는 세상이 좋은지. 이런 식으로 비교하면 절대 1970년대, 신자유주의 이전이 좋았다는 말이 쉽게 나올 수 없다.

5장

ECONOMICS
PARADOX

경제의 패러독스 2

보이지 않는 손의 역설

자연 생물계는 굉장히 복잡하다. 엄청나게 많은 동식물이 존재하는데 각각의 구조도 복잡하다. 동물의 몸만 해도 위, 소장, 대장, 간, 심장, 허파, 폐, 담낭, 방광 등 여러 기관이 서로 유기적으로 연결되어 기능한다. 또 이 동식물들은 별개로 독립적으로 살아가는 게 아니라 상호 영향을 미친다. 그러면서도 균형을 이루며 생태계를 유지한다.

이런 복잡계는 어떻게 만들어지고 유지되는 걸까. 여기에는 두 가지 이론이 있다. 하나는 진화론이고 다른 하나는 창조론이다. 진화론은 이 모든 게 특별한 계획 없이 자연적으로 이루어졌다고 본다. 심장, 허파, 폐 등의 복잡한 기관이 어떻게 만들어졌을까? 오랜 시간 생물이 살아오면서 자연적으로 그렇게 되었다고 본다. 처음에는 간단한 구조였지만, 하나하나 다른 것이 추가되면서 현재의 복잡한 구조가 저절로 만들어졌다. 호랑이가 늑대를 잡아먹고, 늑대가 토끼를 잡아먹고, 토끼가 풀을 뜯어 먹는 것도 어떻게 하다 보니 저절로 그렇게 되었다. 생물체들이 각자 살아가려고 최선을 다하다 보니 현재의 복잡한 생태계가 형성되었다. 생물과 생태계는 누가 만든 게 아니다. 의도한 것도 아니고 계획된 것도 아니다. 생물체들이 자기 나름대로 살다 보니 저절로 만들어진 게 현재 생태계다. 이게 진화론적 시각이다.

창조론에서는 이렇게 복잡한 구조가 저절로 만들어질 수 없다고 본다. 시계는 굉장히 복잡한 구조인데 우연히 만들어질 수 있는가. 아무것도 모르는 사람이 금속조각을 이리저리 붙이다 보니 저절로 시계가 만들어지는 일이 있을 수 있는가? 시계는 누군가 계획을 갖고 의도적으로 조립해야 만들어진다. 그런데 동물의 몸과 생태계는 시계보다 복잡하다. 어떻게 우연의 산물일 수 있나. 이걸 의도하고 계획한 존재가 있다. 신이라는 초월적 존재가 이 세계를 만들었다. 이것이 창조론이다.

진화론이 맞나 창조론이 맞나. 현대 과학에서 그 답은 분명하다. 진화론이다. 하지만 진화론을 부정하고 창조론을 주장하는 사람들도 많다. 미국에서는 창조론에 해당하는 이론도 중고교 교과서에 넣어야 한다는 주장이 관철되기도 했다. 창조론을 주장하는 사람들은 이렇게 복잡한 세계가 우연의 산물이라는 것을 인정하지 않는다. 반대로 진화론은 그럴 수 있다고 본다. 즉 각 생물 개체에 의해 전체 질서가 저절로 만들어지고 유지될 수 있느냐 아니냐가 창조론과 진화론의 핵심이다. 창조론은 그럴 수 없다. 계획자-조정자가 있어야 한다는 입장이고, 진화론은 그런 존재가 없어도 복잡계가 만들어지고 유지될 수 있다고 본다.

이런 자연계 논쟁은 경제 현상에도 똑같이 적용된다. 경제계는 복잡하다. 이 세상에는 수많은 상품이 있는데 각 재료를 구하고 제조되고 소비된다. 사람들은 먹고살기 위해 직업을 가져야 하는데, 한국에 존재하는 직업만 해도 1만 7000개 가까이 된다. 미국에는 3만 개가 넘는 직업이 있다. 이렇게 많은 직업이 사람을 찾고 유지하는 것만도 엄청난 일이다. 이렇게 복잡한 경제가 계획자-조정자 없이도 문제없이 굴러갈 수 있을까?

계획자-조정자가 없어도 경제가 운영되고 성장할 수 있다고 보는 견해가 있다. 정통 자유주의경제학이다. 정통 자유주의경제학에서는 각자가 최선을 다해 살아가려고 할 때, 저절로 경제 구조가 만들어지고 또 별문제 없이 경제가 운영될 수 있다고 본다. 만약 문제가 생기더라도 자체적으로 치유하는 능력이 있다고 본다. 반대로 계획자-조정자가 있어야만 한다고 보는 견해가 있다. 사회주의경제학이다. 사회주의경제학에서는 계획자-조정자가 없으면 경제가 제대로 굴러갈 수 없다고 본다. 계획자-조정자가 개입해서 방향을 정하고 문제가 있는 부분을 치유할 때 더 좋은 경제 구조가 만들어질 수 있다고 본다.

자연생태계에서 계획자-조정자는 신이다. 그럼 경제계에서 계획자-조정자는 누구일까? 직접 경제활동을 하지 않고 심판자 역할을 할 수 있는 것이 정부이다. 그래서 사회주의에서는 정부의 역할

을 강조한다. 개인은 공공의 이익보다 자신의 이익을 위해 움직인
다. 그런 개인들이 사회를 위한 의사결정을 할 리가 없다. 하지만 정
부는 사회 전체를 생각하는 존재이다. 따라서 정부가 경제를 계획
하고 조정하는 역할을 담당해야 한다는 것이다.

　자유주의경제학에서는 계획자－조정자가 필요 없다. 개인들의
힘을 믿고, 사회의 자체 정화 기능을 믿는다. 그래서 정부의 경제계
획, 조정 역할은 필요 없다. 정부의 역할은 최소한으로 제한되어야
한다. 이런 자유주의경제학 개념을 가장 축약해 표현한 것이 '보이
지 않는 손invisible hand'이다. 개인은 단지 자기 이익을 위해 노력할 뿐
인데 그게 자연적으로 전체 사회를 좋게 만든다. 각 동물이 자기가
살기 위해 노력하는 것이 전체적으로 풍요로운 생태계를 만드는 것
과 같은 이치이다.

　그럼 정부가 경제를 계획하고 조정하는 사회가 더 좋을까, 보이
지 않는 손을 인정하는 사회가 더 좋을까? 진화론이 맞느냐 창조론
이 맞느냐는 해부학과 화석이 결정했다. 결국 진화론이 맞는다. 그
럼 경제에서는 어떻게 판단할까? 계획경제를 채택한 국가와 자유주
의경제를 채택한 국가 중 어디가 더 발전하고 성장하는지, 어디 시
민들이 더 잘사는지를 보고 판단한다. 여기에 대한 대답도 분명하
다. 자유주의경제를 채택한 국가가 더 잘살고 발전한다. 계획경제를
채택한 국가들은 하나같이 몰락의 길을 걸었다. 처음부터 계획경
제가 배척되었던 건 아니다. 사회주의 국가가 처음 들어서고 경제
개발 5개년 계획 등을 시행할 때는 사회주의 국가들이 급속히 발전

했다. 그래서 서구 유럽에서도 계획경제를 받아들였고, 한국에서도 1950년대부터 경제개발계획을 수립했다. 그런데 계획경제로는 어느 수준까지는 발전할 수 있지만, 중진국 수준을 넘어설 수는 없었다. 이후로도 계속 계획경제를 고수하면 경제는 몰락했다.

정부는 자기 이익을 생각하지 않고 사회 전체 이익을 고려한다는 전제에서부터 틀렸다. 정부는 그 자체로 독립된 주체가 아니다. 정치가, 관료 등으로 구성된 개인의 집합이었다. 정치가와 관료 역시 자기 이익을 위해서 일하지, 사회 전체를 위해 일하는 게 아니었다. 계획경제 시스템은 처음에는 사회 전체 이익을 추구했지만, 결국 정부 내 정치가, 관료를 위한 시스템으로 전락한다. 사회주의 계획경제는 정치가와 관료가 잘사는 시스템이었고, 일반 시민의 삶의 질은 점점 떨어지는 체제였다.

정부에 의한 조정, 계획을 주장하는 사람들은 정부가 개입하면 훨씬 좋아질 것으로 생각한다. 하지만 보이지 않는 손을 믿는 사람들은 정부가 개입하지 않을수록 좋다고 본다. 현대 경제에서는 정부의 개입이 전혀 없을 수 없다. 하지만 개입하더라도 최소한으로 그치는 것이 좋다고 본다. 한국은 사회주의 전통이 강한 나라이다. 그래서 뭐든지 정부를 끌어들인다. 정부가 책임져야 하고, 정부가 도와줘야 하고, 정부가 앞장서서 문제를 해결해야 한다. 한국이 이렇게 발전한 것도 정부가 나서서 열심히 했기 때문이라고 본다.

그런데 잘 살펴보자. 현재 한국이 강한 경쟁력을 가진 부분들이 정부가 열심히 해서 되었는가, 아니면 개인들이 열심히 해서 되었는가? 반도체는 삼성 이병철 회장이 정부의 반대에도 불구하고 밀어붙여 시작한 산업이다. 자동차는 현대 정주영 회장이 정부의 반대를 무릅쓰고 자체 독립 모델을 개발하면서 본격화되었다. 한류는 정부가 전혀 관심을 가지지 않던 드라마, 온라인게임, 아이돌 그룹에서 시작되었다. 산업이 발전한 시점과 정부가 관심을 가지고 개입하기 시작한 시점을 비교해보라. 정부는 항상 산업이 크게 이슈가 된 후에야 개입했다. 숟가락을 얹은 것이지, 정부의 계획으로 성장한 것이 아니다.

우리는 정부가 개입하면 문제가 잘 해결될 것이라 본다. 그러나 보이지 않는 손의 관점에서는 정부가 개입하면 왜곡되고 부작용이 커진다고 본다. 정부보다 개인을 더 믿고 신뢰한다. 경제학은 보이지 않는 손을 원칙으로 받아들인다. 보이지 않는 손보다 정부 역할을 더 중시하는 사람은 설사 경제학 박사 학위를 가지고 있더라도 주류 경제학자가 아니라고 봐도 된다.

지식의 패러독스
– "몰라도 된다"

　정부는 개인보다 훨씬 우수한 존재 같다. 개인은 사익을 위해 일
하고, 정부는 공익을 위해 일한다. 그리고 정부는 개인보다 훨씬 자
원이 많고 정보도 많다. 수많은 사람이 같이 일하기 때문에 실행력
도 높다. 그런데 왜 '보이지 않는 손'은 정부의 역할을 인정하지 않
을까? 이유는 간단하다. 경제학에서는 현실적으로 완전한 지식을
갖추는 것이 불가능하다고 보기 때문이다. 특히 미래는 예측할 수
없다. 앞으로 어떤 미래가 닥칠지 모르는데, 그에 대해 이런저런 정
책을 만들고 시행하는 것이 제대로 될 리가 없다. 지식의 불완전성,
정보 부족, 경제학은 이런 한계를 전제로 한다.

　이건 진화론에서도 마찬가지다. 진화론은 과거는 잘 설명할 수
있다. 현재 생물이 어떤 과정을 거쳐서, 왜 이렇게 진화했는지는 이
야기할 수 있다. 하지만 미래는 예측하지 못한다. 환경에 따라 변할
거라는 건 예측할 수 있다. 하지만 어떻게 변할지는 알 수 없다. 경

제학도 마찬가지다. 앞으로 어떤 일이 벌어질지, 어떻게 변할지 알 수 없다는 것을 받아들인다. 경제학은 내가 다 안다, 내가 다 해결할 수 있다고 나서지 않는다. 경제학은 겸손한 학문이다.

프리드리히 하이에크는 20세기 중반 사회주의가 세계적으로 유행할 때 사회주의 계획경제는 성공할 수 없다고 예측했다. 서유럽도 사회주의 계획경제를 적극 도입하던 시기에 정부 주도의 사회주의경제가 실패할 것이라고 그가 예측한 이유는 사회주의에서는 열심히 일하는 사람에 대한 보상이 없다는 점, 그리고 정보 부족의 문제였다. 이 중 정보 부족이 특히 문제가 된다. 이로 인해 사회의 비효율성이 커지고 자원의 낭비가 일어난다.

자유주의경제에서는 기업이 미래를 예측해 상품을 생산한다. 그런데 예측을 잘못해서 상품이 부족하기도 하고 남아돌기도 한다. 아주 비효율적이다. 이를 없애기 위해 사회주의경제에서는 정부가 나선다. 정부가 미래를 예측해서 생산량을 정하고 공장에 할당해서 생산하게 한다. 정부는 기업보다 훨씬 우수한 존재이다. 기업은 미래 예측에 실패하지만, 정부는 미래를 정확히 예측하고 상품을 모자라지도 남지도 않게 생산하게 만들 수 있다. 이게 사회주의의 기본 전제이다. 정부는 개인, 기업과 달리 똑똑한 존재이기 때문에 기업이 할 수 없는 일을 충분히 할 수 있다고 본다.

실제 사회주의경제는 어떠했을까? 20세기 중반, 사회주의경제를 도입한 나라들은 모두 물자 부족에 시달렸다. 성공한 사회주의경제라 해도 비누, 샴푸, 볼펜, 옷, 우유, 달걀 등 기본적인 물품을 제대로 구할 수 없었다. 사람들이 비누를 얼마나 소비할지, 볼펜을 얼마나 사용할지, 우유를 얼마나 마실지 제대로 예측할 수 없었다. 사회주의경제가 못살게 된 것은 자원이 부족하거나 국력이 약해서가 아니었다. 자원은 많고 국력도 센데, 정작 매일 사용해야 하는 비누가 없고 우유가 없으니 힘들어진 것이다.

자유주의경제는 정부가 그걸 예측할 수 없다는 걸 인정하고 개인과 기업에게 알아서 예측하고 결정하라고 넘긴다. 개인, 기업은 자기 나름대로 내년도 수요량을 예측한다. 그런데 사업가들은 항상 좀 낙관적이다. 자기들이 다른 사업가보다 좀 더 잘 만들고, 자기 것이 더 좋은 제품이고, 그래서 더 팔릴 것으로 예상한다. 사회가 소비하는 것보다 더 많이 생산하는 것이다. 그래서 자유주의경제에서는 마트에 가면 상품들이 쌓여 있다. 그중 많은 수가 팔리지 않고 폐기되고, 망하는 기업도 나온다. 미래를 예측하지 못하기 때문에 자원이 낭비되지만, 그건 어쩔 수 없는 경제의 한계로 인정한다. 정부도 예측을 할 수 없기 때문에 정부가 나선다고 문제가 해결될 수는 없다고 본다. 사회주의경제에서는 비누가 없고, 자유주의경제에서는 비누가 남아돈다. 어느 쪽이든 자원의 비효율성은 존재한다. 그런 비효율성 중 어느 쪽을 선택할지의 문제이다.

미래를 예측하고 파악할 수 없다면 아무리 열심히 해도 소용없지 않을까? 예측해야 준비하고 잘할 수 있는데, 이것이 불가능하다면 잘살 방법도 없는 게 아닌가? 여기에 경제학의 패러독스가 있다. 미래 예측을 할 수 없어도 충분히 잘살 수 있다. 동물은 미래를 예측하지 못한다. 그래도 풍요로운 생태계를 이룬다. 경제에서도 마찬가지이다. 미래 예측이라는 완전한 정보를 갖추지 못하는 것과 잘사는 것은 별개이다.

현재 세계에서 가장 훌륭한 투자자로 인정받는 사람은 미국의 워런 버핏이다. 세계 부자 순위에서 항상 5위 안에 든다. 그는 투자만으로 세계적 갑부가 되었다. 그렇다면 그는 더 많은 정보를 가지고 있어 미래를 잘 아는 사람일까? 버핏은 인터넷 세상을 예상하지 못했다. 2000년대 초에 사람들은 앞으로 인터넷 세상이 펼쳐질 것이라 예측하고 투자했다. 하지만 버핏은 받아들이지 못했다. 인터넷은 사기이고 버블이라고 했다. 실제 인터넷 기업에 전혀 투자하지 않았다. 2020년대 현재 인터넷 없는 세상은 상상하기 힘들다. 버핏의 예측은 완전히 틀렸다. 그는 미래 예측을 잘하는 사람이 아니었다. 하지만 여전히 큰 투자 수익을 얻고, 계속 성공적인 투자자로 남아 있다. 인터넷 기업은 쳐다보지도 않았지만, 다른 기업들에서 계속 큰 투자 수익을 얻었다. 미래 예측과 투자 성공은 상관이 없다.

또한 그는 비트코인을 멸시하는 것으로 유명하다. 비트코인이 나올 때부터 아무런 가치가 없고 투자 가치가 전혀 없다고 말해왔다. 하지만 비트코인은 세계에서 가장 큰 성장률을 기록한 상품이 되었다. 버핏은 비트코인 현상을 전혀 이해하지 못했고 예측도 모두 틀렸다. 하지만 그런 건 경제적 성공, 사회적 성공과 아무 상관이 없다. 그는 여전히 세계적 갑부이고 투자자들의 모델이다. 여기서 중요한 건 정통 경제학은 미래에 대해 함부로 이야기하지 않는다는 것이다. 미국 트루먼 대통령은 경제학자에게 뭘 물어보면 제대로 답하지 않고 항상 '이럴 수도 있고, 저럴 수도 있고' 식으로 이야기한다고 불평했다. 질문하는 사람 입장에서는 불만을 가질 수 있다. 하지만 경제학자로서는 그렇게 답할 수밖에 없다. 어떻게 될지 모르니까.

경제학은 미래를 미지로 보고, 안개 속을 헤매며 길을 찾는 과정이다. 그런데 가끔 이렇다 저렇다로 확정적으로 말하는 사람들이 있다. 이런 경제정책을 도입하면 이런 미래가 올 것이고, 저런 경제정책을 도입하면 저런 미래가 올 것이라고 이야기한다. 모든 문제를 해결할 방안이 존재하고, 자기 말을 따르면 모두 잘살 수 있다고 말한다. 그런데 그건 정책을 도입했을 때 정확히 어떤 일이 벌어질지 알아야 할 수 있는 말이다. 경제학에서는 완전한 미래 예측은 불가능하다고 본다. 어떤 일이 벌어질지 잘 모르는데, 이런 정책을 시행하면 모든 문제가 해결될 수 있다고 하는 건 어불성설이다. 그건 경제학이 아니라 정치학이고 홍보학이다. 경제학과는 구별해야 한다.

투기의 패러독스

우리는 금융 교육을 받으면서 투기는 안 좋다고 배운다. 투기하는 사람은 일확천금을 바라는 사람이고, 뭔가 도덕적으로 문제가 있는 사람이다. 허황된 꿈을 좇는 사람이고 현실을 잘 모른다. 투기로 처음에는 돈을 좀 벌 수 있어도 결국은 실패하고 만다. 이런 평을 듣고는 한다.

투기 대신 제시하는 것이 안정적인 돈이다. 안정적으로 들어오는 수입, 그리고 잃을 가능성이 없는 안전한 저축을 추구해야 한다. 사업을 하면 불안하고 취직을 하면 안전하다. 사업을 하면 들어오는 돈이 들쑥날쑥하고, 심지어 돈을 하나도 못 버는 때도 있다. 하지만 취직하면 매달 정기적으로 월급이 들어온다. 사업보다 취업이 더 좋다고 평하는 주된 이유이다.

취업을 해도 중소기업이면 회사가 어려워져서 월급이 제대로 나오지 않을 가능성이 있다. 대기업은 그럴 가능성이 적다. 그래서 중소기업보다 대기업이 더 좋은 직장이다. 하지만 대기업도 망할 수 있다. 그런데 공무원을 고용하고 있는 국가는 절대 망하지 않는다. 그래서 공무원이 대기업보다 더 선호되기도 한다. 이런 직업적인 것만이 아니라 일상생활에서도 안정을 좋다고 보고, 투기적 요소는 부정적으로 본다. 카지노 출입은 문제가 있다고 보는 사람이 절대 다수이고 로또, 복권을 많이 사는 것도 좋지 않게 본다. 돈은 착실히 일해서 조금씩 버는 것이지, 일확천금은 부도덕하다고 본다.

그럼 경제학에서는 저축이 좋다고 볼까, 투기가 좋다고 볼까? 일단 첫째, 경제학에서는 저축에 부정적이다. 개인적으로는 돈을 모으는 것이니 좋을 수 있다. 하지만 사회 전체로는 좋지 않다. 모든 사람이 저축만 하면 그 사회는 망한다. 국가의 GDP를 결정하는 총수요 방정식은 $Y=C+I+G+X-M$이다. 이를 풀면, 국민소득 Y = 소비 C + 투자 I + 정부지출 G + 수출 X – 수입 M이다. 일단 국민소득에 저축이란 항목은 없다. 저축이 많다고 국민소득이 늘어나지 않는다는 의미이다. 단 저축이 영향을 미치는 요소는 있다. 소비 C이다. 한 사람의 소비가 증가하면 그 사람의 저축은 감소하기 마련이다. 또 저축이 증가하면 소비는 감소한다. 국민이 저축을 많이 하면 소비 C가 감소한다. 그러면 국민소득 Y도 감소한다. 저축은 국가 경제를 어렵게 한다. 경제학에서 저축은 긍정적 요소가 아니다.

그럼 국가가 저축을 장려하는 이유는 무엇인가? 앞에서 본 총수요 방정식 중 국민경제에 가장 큰 영향을 미치는 것은 투자 I이다. 그래서 국가는 항상 투자를 장려한다. 하지만 일반 국민에게 장려

하지는 않는다. 저축은 아무나 할 수 있지만 투자는 아무나 할 수 없다. 국가는 소수의 사람에게만 독려한다. 이 소수의 사람이 투자를 하려면 자금이 필요하다. 그 자금으로 일반 국민이 저축한 돈을 빌려준다. 은행이 바로 그 일을 하는 조직이다. 정부가 그 과정을 적극적으로 지원한다. 즉 저축은 투자자에게 투자금을 빌려주기 위한 방편이다. 저축 자체는 중요하지 않다. 투자금을 대기 위한 저축이 중요한 것이다. 주인공은 투자이다. 저축은 투자를 돕는 수단이다.

혹자는 이렇게 말한다. 투기는 나쁘지만 투자는 괜찮지 않은가? 그런데 둘의 차이는 뭘까? 안정적으로 확실하게 수익이 나오면 투자이고, 불안정적이고 불확실한 수익은 투기로 보는 게 일반적인 답이다. 수익의 확실성으로 투자와 투기를 구분한다. 그런데 경제학이 밝힌 위험-수익 곡선은 이렇다.

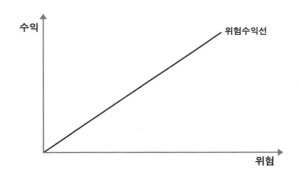

위험이 낮으면 수익도 낮다. 위험이 높으면 수익도 크다. 위험이 0이고 수익도 0인 것은 현금이다. 저축은 위험은 거의 없지만, 수익도 1~2%로 굉장히 낮다. 큰 수익을 얻으려면 높은 위험을 감수해야 한다. 안전하게 큰돈을 벌 수 있는 방법은 없다. 이 위험-수익 간 관계는 경제학에서 가장 유명한 트레이드오프, 즉 상충 관계라고 할 수 있다.

그런데 위 곡선에서 어디까지가 투자이고 어디서부터가 투기일까? 연속적으로 이어지는 선에서는 그런 구분점이 있을 리 없다. 투자와 투기는 어디까지나 주관적 판단이다. 자기가 위험도가 많이 높다고 판단하면 투기가 되고, 이 정도 위험은 감당할 수 있다고 보면 투자가 된다. 이건 사람마다 기준이 다르다. 그래서 자기는 투자를 하지만, 다른 사람이 보기에는 투기가 된다. 그러니 웬만하면 투기라고 비판하는 사람은 이 기준점이 굉장히 낮다고 보면 된다.

투자를 해서 실패하면 개인은 괴롭다. 하지만 사회적으로는 아니다. 실패하더라도 사람들이 계속 투자를 해주어야 한다. 2억 원을 들여 식당을 차렸다 망하면 나는 큰 피해를 입는다. 그런데 나의 손해 2억 원은 사회적으로 그냥 없어지는 돈이 아니다. 인테리어업자, 부동산중개사, 컨설턴트, 식자재 공급자, 아르바이트 직원 등에게 지불된 돈이다. 나의 손해는 다른 사람의 이익이다. 그동안 내가 다른 사람들을 먹여 살린 것이다. 경제 전체적으로 투자 실패는 절대 나쁜 것이 아니다. 그 자체로는 투자할 돈이 있는 사람에게서 보통 사람들에게로 자연스럽게 돈이 이전한 과정이다.

사람들은 허황된 꿈을 품고 투기에 몰리는 것을 두고 비판한다. 그런데 이런 투기가 사회를 발전시킨다. 2000년대 가장 유명한 투기로 버블닷컴이 있다. 인터넷 시대가 온다면서 사람들이 엄청나게 투자했다. 무엇을 하는 회사든 회사 이름에 닷컴, 인터넷, IT만 붙이면 주가가 폭등했다. 돈은 하나도 못 버는데 주가가 몇십 배 올랐다. 전형적인 버블이었고, 결국 터지면서 엄청나게 많은 사람이 큰 손실을 보았다. 그런데 이런 투기가 사회를 뒤처지게 했나? 개인 투자자들은 손해를 보았지만 인터넷, IT 분야에 엄청난 돈이 들어갔다. 그 돈으로 결국 지금의 인터넷, IT 세상이 되었다. 많은 기업이 망했지만, 살아남은 소수 기업에 의해 정말로 세상이 변했다. 그리고 그 소수 기업에 투자한 사람들은 큰 수익을 얻었다.

이런 과정은 인터넷 버블에만 한정되지 않는다. 19세기의 철도 버블에서도 많은 투자자가 망했다. 그 대신 유럽, 미국 전역에 철도가 깔리면서 세상이 바뀌었다. 개인에게 투기 실패는 비극이다. 하지만 사회 전체로는 그 분야에 큰돈이 유입되게 하면서 사회를 한 단계 바꾸는 역할을 한다. 그리고 그 과정에서 분명 큰돈을 버는 사람들도 나온다. 경제를 움직이는 건 저축보다 투자이다. 투자가 됐든 투기가 됐든 사회 전체적으로는 강한 힘이 된다.

사치의 패러독스

검소한 생활과 사치하는 생활 중 어느 쪽이 나은가? 우리는 사치는 나쁜 것이라고 배워왔다. 검소하게 살아야 하고, 자기 분수에 맞게 돈을 써야 한다. 분수에 맞지 않는 사치스러운 생활은 돈을 날리게 하며 정신도 갉아먹는다. 사치는 나쁜 것이다. 이렇게 말이다.

그럼 경제는 검소할 때 발전하는가 사치할 때 발전하는가? 자본가들이 검소했기 때문에 자본주의 경제가 발전했다고 보는 주장이 있다. 경제학의 고전으로 일컬어지는 막스 베버의 《프로테스탄트 윤리와 자본주의》의 주장이다. 자본주의 이전에 부자들은 귀족이었다. 그들은 검소를 모르고 최대한 사치하며 살았다. 돈이 생기면 옷, 보석 등을 사느라 다 써버렸다. 그런데 영국, 네덜란드에서 자본주의가 성장한다. 이때 자본주의는 프로테스탄트와 청교도들 사이에서 시작되었다. 칼뱅은 개인이 부자가 되는 것은 하나님이 베푸는 은총이라고 주장했다. 이전에는 부자가 되는 것을 뭔가 부도덕한 것으로 보았다. 하지만 부가 하나님의 은총을 확인하는 것이라면, 부자가 되는 건 좋은 일이 된다. 프로테스탄트들은 열심히 노력해 부자가 되었다.

부자가 된 다음에는 어떻게 하느냐가 중요하다. 이전 귀족들은 부자가 되면 놀면서 사치했다. 하지만 프로테스탄트들은 아니었다. 일은 하나님이 준 개인의 사명이고, 부를 쌓는 것은 하나님 은총의 크기였다. 부자가 되었다고 사명을 멈출 수는 없었다. 프로테스탄트들은 부자가 된 후에도 계속 일했다. 그리고 번 돈을 사치로 써버리는 게 아니라 계속 더 많은 돈을 벌기 위해 투자를 했다. 화려한 옷을 입고 술 마시고 놀러 다니는 건 선택지에 없었다. 부자가 된 후에도 검소한 생활을 하면서 계속 투자하고 일하면서 사업을 키워나갔다. 이런 근면한 삶의 방식이 자본주의를 일으켰다. 즉 자본주의는 사람들이 사치하지 않고 검약하면서 발전하였다.

다른 건 모르겠지만, 최소한 사치는 안 좋은 것이고 검약이 좋다는 건 분명하다. 일반의 상식에도 맞는다. 그래서 막스 베버의 《프로테스탄트 윤리와 자본주의》는 자본주의를 대표하는 고전으로 자리 잡았다. 그런데 그만큼 유명하지는 않지만 경제학에서 그 못지않게 인정받는 다른 이야기의 책도 있다. 베르너 좀바르트의 《사치와 자본주의》이다. 제목 그대로 검약이 아니라 사치가 자본주의를 발전시킨다는 이야기이다. 두 책은 각기 1920년, 1921년에 출간되었다. 같은 시기이다.

현대사회가 과거보다 잘살게 된 이유는 무엇인가? 사람들이 더 똑똑해져서도 아니고 일을 열심히 해서도 아니다. 고대, 중세, 근세에도 사람들은 열심히 일해야 했다. 현대인이 과거 사람들보다 특별히 더 열심히 일해서 잘살게 된 건 아니다. 현대사회가 더 잘사는 사회가 된 것은 생산력이 뛰어나서이다. 더 좋은 물건을 더 많이 만들어내는 경제 시스템으로 잘살게 되었다.

더 좋은 물건을 만들 수 있었던 것은 좋은 물건을 사려는 수요층이 있기 때문이다. 돈을 얼마를 들여서라도 다른 사람들보다 더 좋고 화려한 옷을 사려는 사치스러운 사람들이 그 동력이다. 그래서 가공업자는 모든 노력을 들여 보다 좋은 옷을 만든다. 더 섬세하게 공예를 하고, 더 오랜 기간 정성을 쏟는다. 옷은 그냥 추위를 피하고 몸을 보호하기 위해서만 입어도 된다. 그러면 좋고 멋있는 옷은 필요 없다. 그냥 대강 만들어도 된다. 하지만 다른 사람들에게 멋있고 예뻐 보이기 위해 입는 옷은 대강 만들어서는 안 된다. 아주 잘 만들어야 한다. 그리고 멋있고 예쁜 것은 계속 변하고 유행을 탄다. 한 번 만들었다고 끝나지 않고 계속 더 좋게 개량해나가야 한다. 근대 이후 유럽에서는 사치 풍조가 크게 늘었다. 이런 소비에 맞추기 위해 가공업이 크게 발전했고, 대중도 이런 상품들을 요구하면서 공장이 들어서게 된다.

더 맛있는 음식을 먹으려는 사치스러운 사람들이 있어서 요리사들은 새로운 음식을 개발한다. 농부와 목축업자도 보다 좋은 채소와 고기를 위해 아낌 없이 투자한다. 더 좋은 집에서 살려고 하는 사람들이 있어서 건축 기법이 발전하고 집이 더 튼튼하고 멋있어진다. 집에 수세식 화장실이 만들어지고 수도와 전기가 들어온다. 사치를 누리고자 하는 사람들의 수요에 따른 것이다.

무역이 세계경제를 발전시킨다고 한다. 그런데 무역은 일상용품을 대상으로 이루어지지 않았다. 자기 나라에서 구하기 힘든 사치품을 다른 나라에서 구해 오는 게 무역의 원래 역할이다. 조선은 일상용품인 쌀, 짚신, 호미 등을 수출하거나 수입하지 않았다. 사치품인 금, 인삼을 수출했고 사치품인 비단, 향신료를 수입했다. 실크로드는 사치품인 향신료를 얻기 위한 길이었다. 대항해시대의 신대륙 발견도 사치품인 향신료를 얻고자 하는 동기에서 시작되었다. 전 세계 무역로를 만든 건 사치품이다.

조선 말기 실학자 박제가도 조선의 검약이 사회 발전에 문제가 된다는 의견을 제시했다. 중국에 가서 보면 수레, 단청, 비단 등 굉장히 사치스럽다. 사람들은 이런 사치 때문에 나라가 망할 거라고 생각하곤 한다. 조선은 이런 사치가 없다. 모두가 근검절약한다. 그럼 근검절약하는 조선이 사치하는 중국보다 훨씬 잘살아야 한다. 그런데 사치하는 중국보다 검소하게 사는 조선이 못살고 국가의 힘이 약한 건 무슨 이유일까?

박제가는 검약하지 말고 써야 한다고 주장했다. 비단을 입는 사람이 없으니 나라 안에 비단을 짜는 사람이 없다. 구슬을 사용하지 않으니 구슬 캐는 집이 없고, 산호를 사지 않으니 산호 캐는 사람도 없다. 소비하는 사람이 없으니 생산하는 사람이 없다. 이렇게 백성이 생산을 하지 않으니 나날이 궁핍해진다. 검약은 좋은 게 아니다.

사치하지 않고 검약만 하면 모두가 궁핍해진다.

검소한 게 좋은 것인가, 사치스러운 게 좋은 것인가. 우리는 "검소한 삶이 좋다. 사치하지 않고 돈을 아끼며 검소하게 살아가는 게 좋은 것 같다."라고 배우고 가르친다. 그런데 모든 사람이 검소하게 사는 사회는 못사는 사회이다. 단순히 못사는 사회가 아니라 굉장히 약한 사회이기도 하다. 조선은 아주 검소한 사회였다. 중국, 일본에 비해 사치를 모르는 나라였다. 그렇게 검소하게 살았는데, 주위 국가로부터 존경을 받기는커녕 침략만 당했다. 검소하기만 하면 힘도 없다.

정말 다른 사람에게 도움이 되는 사람은 사치스러운 사람이다. 사치를 부리는 사람이 다른 사람들에게 아끼지 않고 돈을 푼다. 사치스러운 나라에서 신기하고 좋은 물건이 만들어지고, 생산력도 늘어난다. 검약은 그냥 지금대로 살자는 것이고, 사치는 더 잘살자는 것이다. 또한 검소한 나라에 사는 가난한 사람보다 사치한 나라에 사는 가난한 사람이 훨씬 잘산다. 경제 발전의 동력은 검약이 아니라 사치이다. 검약과 사치에도 패러독스가 있다.

낭비의 패러독스

경제학은 효율을 추구하는 학문이다. 목표를 달성할 수 있는 가장 능률적인 길을 찾아 실행하고자 한다. 그런데 이를 가장 비용이 낮은 것을 찾는 것으로 오해하는 경우가 있다.

자격증 시험을 통과하기 위해 토익 700점 점수가 필요하다고 하자. 현재 점수는 550점이다. 몇 달 동안 영어 공부를 해야 하는데, 책을 사고 스터디룸을 다니면 한 달에 10만 원의 비용이 든다고 하자. 이때 점수는 30점이 오른다. 영어학원을 다니면 한 달에 20만 원이 들고, 이때 점수는 100점이 오른다. 1:1 영어 교습을 받으면 150점이 오를 수 있는데, 한 달 비용은 50만 원이다. 어학연수를 가면 200점이 오를 수 있고, 한 달 비용은 100만 원이다. 그렇다면 가장 효율적인 방법은 무엇인가?

가장 비용이 적게 들고 싼 방법은 책을 사서 스터디룸을 다니는 방법이다. 한 달에 10만 원밖에 안 들어서 가장 싸다. 많은 사람이 이렇게 싼 방법을 경제적이라고 생각한다. 하지만 이건 경제적 효율과 관계가 멀다. 경제적 효율은 목표 달성을 전제로 한다. 지금 목표는 토익 700점이다. 그런데 책을 사서 스터디룸을 다니는 건 580점만 기대할 수 있다. 이건 대안이 되지 못한다. 영어학원을 다니면 20만 원을 들여 100점을 올릴 수 있다. 1만 원당 5점이 오른다. 1:1 교습은 1만 원당 4점, 어학연수는 1만 원당 2점이니, 영어학원이 비용 대비 효과가 가장 크다. 그럼 이게 효율적인가? 아니다. 영어학원을 다니면 100점이 올라 650점이 된다. 목표값 700점에 못 미친다. 비용 대비 효과는 좋지만, 이건 경제학에서 추구하는 효율이 아니다. 경제학에서 추구하는 효율은 목표 700점을 달성할 수 있는 방법 중에서 비용이 낮은 것이다. 700점을 받을 수 있는 방법은 1:1 영어교습과 어학연수다. 이 중 1:1 영어 교습이 더 싸다. 따라서 이게 효율적인 방법이 된다. 한 가지는 확실히 해두자. 경제학에서 말하는 효율은 목표를 가장 능률적으로 달성하는 방법이다. 목표를 달성하지 못하면서 능률적인 것은 의미가 없다.

낭비는 좋은 것인가 나쁜 것인가. 나쁜 것이다. 낭비는 하지 말아야 하고, 최대한 효율적인 방법을 찾아야 한다. 그런데 자본주의에서는 자원이 꽤 낭비되는 경향이 있다. 같은 제품, 비슷한 제품을 많은 기업이 만들어낸다. 다 팔리면 그래도 괜찮다. 그런데 생산된 제품 중 많은 비율이 팔리지 않고 폐기된다. 이런 쓸데없는 낭비가 있나. 그래서 사회주의, 계획경제 사회에서는 이런 낭비가 없게 하려고 정부가 필요한 물품의 숫자를 정하고 거기에 맞게 생산한다. 자본주의 사회에서는 각 회사가 자기가 팔고 싶은 만큼 만들기 때문에 자원의 낭비가 일어나고, 사회주의 계획경제에서는 시민이 사용할 만큼만 만들기 때문에 낭비가 없다.

생산 물품만이 아니다. 전국에 항공회사가 A, B, C 세 개가 있다고 해보자. 그럼 같은 노선을 운행하는 항공회사가 A, B, C 세 개나 된다. 항공기가 많으니 빈자리도 많이 생긴다. 자원 낭비가 아닌가. 또 세 개의 회사가 있으니 경리부서, 인사부서도 회사마다 있다. 만약 A, B, C 회사가 합쳐져 한 개 회사만 있으면 하나의 경리부서, 인사부서면 된다. 사무소도 한 지역에 하나만 있으면 되고 선전물, 홍보물도 하나의 회사 것만 있으면 되니 낭비가 적다. 그래서 사회주의 계획경제 사회에서는 한 분야에 보통 하나의 기업만 둔다. 같은 일을 하는 기업을 여러 개 두면 자원 낭비이다.

한국은 1960년대, 1970년대에 자본주의를 지향한다고 했지만 사실은 계획경제였다. 그래서 철도회사, 전력회사, 통신회사, 항공회사가 모두 하나만 있었다. 한국만이 아니라 서구 주요국에서도 자원 낭비를 막기 위해 이런 기업들은 한 나라에 하나만 두었다. 큰 나라는 여러 개 회사가 있을 수 있었지만, 영업 지역을 구분해서 하나의 지역에는 하나의 회사만 운영할 수 있게 했다. 현재 중국이 각 지역의 회사들을 합병해서 하나의 거대한 국영회사로 만들고 있는데, 이건 낭비를 최소화하기 위해서이다.

그럼 이런 조치를 통해서 낭비가 없어졌나? 같은 일을 하는 조직이 하나로 통합되었다는 면에서 보면 효율적인 것 같다. 그런데 낭비인가 아닌가는 단순히 자원이 절약되었느냐가 아니라 목적 달성 측면에서 파악해야 한다. 통신회사는 안정적인 통화품질, 보다 빠른 서비스, 보다 좋은 서비스가 목적이다. 자원 절약이 목적이 아니다. 이를 달성하기 위해 여러 개 통신회사가 있는 게 나은가, 하나의 통신회사만 있는 게 나은가. 하나만 있으면 분명 조직적으로 낭비가 적다. 그런데 통화품질이 나아지지 않고, 서비스도 나아지지 않는다. 기술은 발전하는데 그것이 통신에 적용되지도 않는다. 안 해도 충분히 이익을 보는데 힘들게 그런 일을 할 필요가 없다.

통신회사가 여러 개 있으면 경쟁에 앞서기 위해 더 좋은 서비스를 계속 개발해나간다. 그 과정에서 통화품질이 나아지고, 서비스가 좋아진다. 그 대신 여러 회사가 개발하다 보니 쓸데없는 자원이 버려지는 일도 많다. 그러나 그건 낭비가 아니다. 좋은 통화품질과 서비스를 위해 꼭 필요한 과정으로 봐야 한다.

자연 생물계를 보자. 생물이 멸종하지 않고 계속 유지하기 위해서는 수컷과 암컷이 관계를 맺어서 후손을 낳을 때 최소한 2마리 이상이 태어나 살아남아야 한다. 그래야 전체 개체수가 줄지 않는다. 2마리보다 더 많이 살아남으면 숫자가 크게 늘 것이고, 2마리보다 적으면 결국 멸종한다. 그런데 물고기는 보통 한 번에 알을 몇백 개, 몇천 개를 낳는다. 해마다 알을 이렇게 낳다 보면 생애 몇만 개의 알을 낳기도 한다. 개구리도 한 번에 몇백 개 알을 낳는다.

포유류는 그보다 낳는 숫자가 적다. 돼지는 한 번에 10마리 정도를 낳고 사자는 4마리 정도를 낳는다. 물고기보다 적지만, 평생 2마리만 살아남으면 되는 걸 고려하면 꽤 많은 숫자이다. 새끼를 낳고 기르는 데는 엄청난 에너지가 소모된다. 그런데 이렇게 많이 낳는 건 낭비 아닌가.

하지만 낭비가 아니다. 수억 년, 수천만 년 생존해온 자연계 생물들이 비효율적으로 움직일 리가 있나. 이들의 목표는 2마리를 살리는 것이다. 개구리는 한 번에 몇백 개, 일생에 1만 개 가까운 알을 낳고, 그중에서 2마리가 살아남기를 바라는 것이다. 그 정도 알을 낳아야 2마리 정도가 살아남는다는 것을 본능적으로 인지하고 그렇게 많은 알을 낳는다. 돼지도 마찬가지이다. 한 번에 10마리, 평생 100마리 정도 낳으면 그중 2마리 정도가 어른이 될 때까지 살아남는다. 2마리만 살리면 되는데 10마리씩 낳는 돼지를 보면 에너지를 굉장히 낭비하는 것 같지만, 실제로는 목표를 달성하는 데 가장 효율적인 방법이다. 10마리에 초점을 두면 안 된다. 목표인 2마리 살아남기 면에서 낭비인지 아닌지를 봐야 한다.

많은 나라에서 자원 낭비를 막기 위해 철도, 전력, 통신, 항공 등 주요 산업에서 하나의 기업만 둔 때가 있었다. 하지만 이렇게 하나의 기업으로 독점을 하니 나아지는 게 없고 오히려 퇴보한다. 그래서 1980년대 신자유주의는 이들 산업에도 여러 기업을 두어 경쟁하도록 했다. 그렇게 하니 빈 채로 날아가는 항공기, 사용하지 않아 버려지는 전력망, 이용률이 극히 적은 통신 중계기가 나오기 시작했다. 하지만 품질 성능이 좋아지고 서비스도 좋아진다. 낭비가 많아졌는데 사회는 더 좋아졌다. 낭비의 패러독스이다.

자립 경제의 패러독스
— 4대 경제 강국이던 아르헨티나가 몰락한 이유

《엄마 찾아 삼만리》란 소설이 있다. 아동문학으로 유명한 작품이고, 일본에서 애니메이션으로 만들어져 한국에도 널리 알려진 작품이다. 이 소설의 주제는 제목 그대로 마르코라는 소년이 어머니를 보러 멀고 먼 길을 간다는 이야기이다. 마르코는 이탈리아 제노바에 살고 있다. 어머니는 돈을 벌기 위해 다른 나라에 가서 가정부로 일하고 있다. 마르코는 이탈리아 제노바를 출발해서 어머니가 있는 도시를 혼자 찾아간다. 그런데 어머니가 가정부로 일하는 곳이 어디냐 하면 아르헨티나의 수도 부에노스아이레스다. 이 소설에서 마르코가 여행을 출발한 시기는 1880년이다. 19세기 말, 아르헨티나는 이탈리아보다 훨씬 잘사는 나라였다. 그랬기 때문에 이탈리아의 주부가 돈을 벌러 아르헨티나 가정부로 일하러 간 것이다.

당시 아르헨티나는 세계 4대 경제 강국이었다. 지금의 4대 경제 강국은 미국, 중국, 일본, 독일이다. 한때 아르헨티나는 그 정도의 국격을 갖추고 있었다는 의미이다. 당시에도 세계 최고 경제 강국은 미국이었지만, 앞으로 미국을 능가할 수 있는 저력을 가진 국가는 아르헨티나라는 평가까지 받았었다. 그랬던 아르헨티나가 지금은 아무도 경제 강국으로 보아주지 않는다. 현재는 어떤 기준으로 봐도 개도국 수준이다. 사실 선진국이었다가 개도국 수준으로 떨어진 나라는 거의 없는데 아르헨티나가 대표적인 예가 되었다.

아르헨티나는 왜 몰락했는가. 많은 사람이 그 주요 이유로 페론주의를 꼽는다. 페론은 1946년에서 1955년까지 아르헨티나 대통령을 지냈다. 경제 현실과 상관없이 국민이 듣기 좋아하는 정책만 주장하고 시행했기에, 대표적인 포퓰리즘 정치가로 꼽힌다. 페론은 산업 국유화, 노동자의 복지 확대, 보호무역을 주장했고, 이것이 이후 아르헨티나, 나아가 중남미의 주요 정책 방향이 되었었다. 페론에 찬성하는 사람들은 그가 일반 국민, 가난한 국민을 위한 정책을 시행하는 훌륭한 사람이라고 보았다. 페론에 반대하는 사람들은 포퓰리즘 정책만 시행해 인기는 높지만 아르헨티나 경제를 망쳐 실제로는 국민의 삶을 어렵게 만든 주범으로 보았다.

페론주의가 아르헨티나를 못사는 국가로 만들었다고 하지만, 실제 경제가 추락하기 시작한 건 페론이 정권을 잡기 전, 페론주의가 본격적으로 나타나기 전이다. 페론은 1946년에 대통령이 되었다. 하지만 아르헨티나의 생산성이 급격히 떨어지기 시작한 때는 1938년부터이다. 이전 몇십 년 동안 아르헨티나의 1인당 생산성은 세계 최고였던 미국의 40% 수준이었다. (현재 한국의 1인당 생산성은 세계 최고 국가에 비해 37% 수준이다. 그러니 40%가 낮은 수치라고 보면 곤란하다.)

그런데 1938년부터 아르헨티나의 생산성이 급격히 낮아지더니 결국 선진국에서 탈락하고 개도국이 되어버린다. 아르헨티나 경제의 변곡점은 페론주의 전에 이미 1930년대 말부터 시작된 것이다.

1930년대 말, 아르헨티나에 무슨 일이 있었을까. 이때부터 아르헨티나의 경제정책 방향이 바뀌었다. 바로 수입대체 정책이 시행되었다. 외국에서 수입하지 말고 필요한 상품은 아르헨티나가 직접 만들어서 사용하자는 정책이다. 수입을 자국 내 생산으로 바꾸자는 것이다. 당시는 1929년 미국에서 시작된 대공황으로 세계 다른 나라들도 같이 불황에 빠져들던 시기였다. 경제가 어려운 이유 중 하나가 수입으로 자기 나라 돈이 다른 나라로 빠져나가는 것이었다. 수입을 하지 않으면 돈이 빠져나갈 일도 없으니 부가 자국 내에 유지될 수 있다고 보았다. 또한 다른 나라와 거래하면 다른 나라들에 의존해야 한다. 그런 의존적 경제보다는 우리끼리 모두 알아서 해결하는 자주경제, 자립경제가 낫지 않은가. 우리나라에서 꼭 사용해야 하는 필수품을 다른 나라에서 수입하면 자립경제를 이룰 수 없다. 수입품을 모두 자국에서 만들어 사용하면 외화 유출도 막고 다른 나라에 의존하지 않는 자주 국가를 만들 수 있다. 이런 생각으로 아르헨티나는 본격적으로 수입대체 정책을 실시했다. 수입 품목을 생산하는 자기 나라 산업을 지원하고 수입은 금지해서 사람들이 아르헨티나 생산품만 사용할 수 있게 만들었다.

수입대체, 자주자립 경제를 추구하는 게 뭐가 문제일까? 애덤 스

미스의 《국부론》 첫머리는 생산성이 어떨 때 높아지는지로 시작한
다. 생산성을 높이는 방법은 한 가지다. 분업이다. 각자가 먹을 쌀도
생산하고, 입을 옷도 생산하고, 신발도 만들고 하면 다른 사람에 의
지하지 않고 자주적이고 자립적으로 살 수 있다. 예전에 농촌 사회
가 그랬다. 그런데 이때는 쌀도 품질이 낮고, 옷도 간신히 몸에 걸
칠 정도이고, 신발은 짚신 아니면 나막신이었다. 하루 종일 일하는
데 그 정도만 만들 수 있다. 분업을 하면 어떤 사람은 하루 종일 옷
만 만들고, 어떤 사람은 신발만 만든다. 그러면 옷, 신발은 더 좋아
지고 생산량도 많아진다. 한 사람이 한 가지 일만 하면 점점 더 그
일을 잘하게 되어 전체 생산성이 좋아진다. 즉 분업을 하면 전문성
이 높아진다. 그래서 분업과 전문화가 생산성 증대의 주요 요소이
다. 이건 사람에게만 적용되지 않고 사회와 국가에도 적용된다. 이
것이 리카도의 비교우위론이다. 한 나라가 모든 상품을 다 만들기
보다 나라별로 분업할 때 전문화가 심화되고 결국 더 생산성이 좋
은 사회, 더 잘사는 사회가 된다.

또 하나, 다른 나라와 교역할 때 유리한 점은 기술 개발이다. 사실
기술 개발은 굉장히 힘들다. 그래도 외국과 거래하고 교역하다 보
면 다른 나라들은 어떻게 하고 있나를 보게 된다. 그 과정에서 모방
이 일어나고 기술 개발을 하게 된다. 처음부터 직접 할 필요도 없다.
다른 나라에서 이루어진 기술을 가지고 오기만 해도, 자연스레 우
리나라에서 기술 개발이 된다.

그래서 발전하는 나라, 성장하는 나라는 모두 다른 나라들과 거

래를 적극적으로 한다. 최소한 다른 나라와 거래하지 않는 나라는 발전하지 못하는 정도가 아니라, 못사는 나라가 된다. 대표적인 곳이 북한이다. 북한이 못사는 게 독재국가라서 그렇다고 생각하면 곤란하다. 한국도 1980년대까지 독재국가였다. 같은 독재국가였지만 북한은 못살게 되었고, 한국은 선진국 대열로 올라갔다. 한국이 잘살게 된 것이 한민족의 우수성 때문이라고 해도 곤란하다. 북한과 한국은 같은 민족이다. 같은 한민족인데 한국과 북한은 수준이 완전히 다르다. 다른 나라와 거래하는 개방경제인가, 자급자족을 추구하는 폐쇄경제인가가 중요한 것이다. 중국의 경우도 지금은 미국에 이은 경제 강국으로 인정받지만, 1980년대 이전 폐쇄경제를 추구하던 때는 가난한 국가였다. 덩샤오핑이 개혁개방을 추진하면서, 현대 중국이 성립한 지 30여 년이 지나고서야 발전이 시작되었다.

세계 경제 강국으로 인정받던 아르헨티나는 수입대체, 자주자립 경제를 추구한 지 10년도 안 돼서 빈부격차가 심한 개도국 경제가 된다. 그런 경제적 어려움 속에서 가난한 사람들이 잘살게 해주겠다는 페론주의가 등장했고, 이후 아르헨티나는 외국에 돈을 계속 빌리고는 갚지 않아 국가부도를 반복하는 골칫덩이 국가가 된다.

해외 거래에 의존하는 무역 경제가 좋은가, 스스로 모든 걸 해결하는 자급자족 경제가 좋은가? 외국에 의존하지 않는 자급자족 경제가 좋아 보일 수 있다. 그런데 자급자족 경제를 추구하면 그 나라와 시민은 가난해진다. 무역 경제, 의존적 경제일 때 잘살 수 있다. 자급자족의 패러독스이다.

6장

ECONOMICS
PARADOX

경제의 패러독스 3

효율적 시장에서
편하게 사는 법

경제학에는 이런 우스갯소리가 있다. 한 경제학자가 길을 걸어가는데 100달러짜리 지폐가 떨어져 있는 것을 발견했다. 하지만 이 경제학자는 무시하고 그냥 가던 길을 갔다. 100달러 정도 돈에는 초연한 사람이라서가 아니다. 그는 길가에 진짜 돈 100달러가 떨어져 있을 리 없다고 생각했다. 사람들은 모두 다 합리적이다. 길에 100달러짜리 돈이 떨어져 있는데 그걸 내버려둘 리 없다. 다른 사람들이 이미 그 돈을 집어갔을 것이다. 그런데 지금 100달러 지폐가 땅에 떨어져 있는 건 왜일까? 분명 가짜 돈이거나 건드리면 안 되는 돈일 것이다. 그래서 다른 사람들이 가져가지 않는 것이다. 이 경제학자는 합리성이 지나친 나머지 100달러를 얻을 기회를 놓쳤다. 이는 합리성에 얽매인 경제학자를 비웃는 이야기이다.

좀 과장된 예일 수 있지만, 어쨌든 경제학에서는 세상 사람 모두가 합리적이라고 본다. 모두가 어떻게 행동해야 할지를 심사숙고해서 의사결정을 한다고 본다. 사람들은 다 똑똑하고 자기 나름대로 합리적인 방법을 찾으며, 다른 사람이 보기에는 이상한 결정을 하더라도, 자기 본인의 선호 체계와 사고방식에서는 최대한 합리적인 방안을 찾는다고 보는 것이다.

혹자는 사람들이 그렇게 합리적이지 않은데 경제학은 그렇게 가정하는 오류를 범하고 있다고 비판한다. 사람들은 비합리적이고, 자기에게 유리한 게 무엇인지 제대로 판단하지 못한다. 설사 그렇더라도 그에 따라 행동하지 못한다. 많은 사람이 다이어트를 시도하지만 결국 실패한다. 그런데 다이어트는 그저 덜 먹고 더 움직이기만 해도 성공할 수 있다. 하지만 사람들은 그 쉬운 걸 해내지 못한다. 사람들이 모두 합리적이라면 그렇게 방법이 확실한 다이어트를 성공 못 할 리가 없다. 다이어트에 성공하는 사람이 거의 없다는 건, 사람들이 합리적이지 못하다는 반증이다.

이렇게 사람들이 비합리적이라고 보는 경제학 분야도 있다. 대표적인 것이 행동경제학이다. 행동경제학에서는 사람의 인지 자체에 오류가 있어 비합리적이라고 주장한다. 그러나 이는 주류 경제학이 아니다. 주류 경제학은 사람들이 합리적이라고 가정하고 이론을 전개한다. 사람은 비합리적인데 합리적이라고 가정하니, 잘못된 가정 하에서 나오는 경제 이론이라 틀리다고 생각해서는 곤란하다. 행동경제학은 사람의 인지 자체에 오류가 있다고 본다. 즉 사람들이 바보라고 보는 것이다. 인문학은 사람의 비합리성, 오류성을 잘 보여준다고 칭송받지만, 그건 달리 말하면 사람을 바보이고 무식한 존재로 본다는 의미이다. 국가를 이끄는 지도자, 정책 담당자들이 일반 국민을 무식한 바보들이라고 생각하고 의사결정을 한다면 여러분은 그걸 인정할 수 있나. 경제학은 사람들이 일단 똑똑하다고 본다. 인간을 아주 긍정적으로 보는 것이다. 나는 사람들이 멍청하고 바보이고 무식하다고 보는 다른 학문보다, 사람들이 최선을 다하고 똑똑하게 고민해서 자신의 길을 선택한다는 경제학이 더 낫다고 본다.

이렇게 인간의 합리성을 가정한 경제 이론 중 대표적인 것이 효율적 시장 가설이다. 사람들이 시장에서 워낙 최선을 다해 활동하기 때문에 시장이 지극히 효율적이라고 본다. 어떤 사람이 주식 가격을 예측한다고 하자. 해당 기업의 매출, 이익, 시장 상황 등 각종 정보를 모아 분석해서 그 기업의 주가가 앞으로 오를 거라는 결론을 얻었다. 열심히 노력해서 얻은 결론이니 그에 대한 보답이 있으면 좋을 것이다. 그런데 문제는 그 사람만 그러는 게 아니라는 점이다. 다른 사람들도 똑같이 열심히 분석하고, 같은 결론을 얻는다. 내가 이 주식은 오를 거라고 분석했는데, 다른 사람들도 똑같이 분석했고 주식을 사기 시작한다. 그러면 내가 그 주식을 사기 전에 이미 그 주식은 충분히 오른다.

맛있는 치킨을 만들어서 돈을 벌고 싶다. 그래서 많은 연구를 해서 맛있는 치킨을 만들었다. 그런데 그렇게 연구해서 맛있는 치킨을 만드는 사람은 나만이 아니다. 수많은 사람이 노력해서 맛있는 치킨을 시장에 출시하고 있다. 나는 많이 노력해서 맛있는 치킨을 만들었는데, 다른 가게들도 그런다. 결국 내 치킨에 특별한 차이가 없어진다. 그냥 수많은 가게 중 하나가 되고, 치킨으로 큰돈을 벌지도 못한다.

모든 사람이 열심히 노력하는 효율적 시장의 문제점은, 나는 분명 열심히 노력하는데 그에 대한 효과가 별로 나타나지 않는다는 점이다. 나만 열심히 하면 분명 뭔가 나아질 것 같은데, 이 사회에서는 나만 열심히 하는 게 아니다. 다른 사람들도 모두 열심히 한다. 그러다 보니 내가 열심히 한 건 표가 나지 않는다.

《이상한 나라의 앨리스》에 등장하는 레드 퀸에 빗댄 레드 퀸 효과라는 게 있다. 열심히 뛰는데 남보다 앞으로 나아가지 않는다. 주변을 보면 그냥 제자리를 유지할 뿐이다. 앞으로 나아가기 위해서는 그보다 훨씬 더 열심히 뛰어야 한다. 그게 바로 효율적 시장에서 벌어지는 일이다. 그럼 이런 효율적 시장에서는 어떤 식으로 의사결정을 해야 에너지를 덜 소모하며 합리적으로 행동할 수 있을까?

해답이 있다. 내가 뭔가 분석하고 무언가를 찾아내려고 노력하지 말고, 그냥 다른 사람을 따라 하는 것이다. 내가 별도로 주식을 열심히 분석하려 할 필요가 없다. 그냥 다른 사람들이 가장 많이 사는 주식을 따라서 사면 된다. 다른 사람들은 열심히 시장과 기업을 분석해서 주식을 샀을 것이다. 그 사람들이 무슨 주식을 샀는가를 보고 따라 하면 내가 주식을 분석한 것과 거의 동일한 효과가 생긴다.

최근 해외에서 큰 이슈가 되면서 사람들이 많이 사고 있는 주식은 엔비디아, 테슬라이다. 그러면 자기가 따로 뭔가를 분석하려 하지 말고 그냥 엔비디아, 테슬라를 따라 사면 된다. 세상에는 열심히 노력하는 사람들이 많다. 그들이 뭔가 결론을 내고 행동에 나서면, 그냥 따라 하기만 하면 된다. 그러면 큰 노력 없이 과실을 얻을 수 있다.

모든 음식점을 다니면서 맛을 체크하고 어떤 음식점의 어떤 메뉴가 훌륭한지 직접 판단할 수도 있다. 하지만 그냥 사람들 사이에 맛집으로 소문난 집에 가서 먹을 수도 있다. 내가 따로 음식점들을 다니면서 메뉴를 평가하고 다니면 사람들의 상식과 다른 무언가를 발견할 수도 있다. 내가 맛집 전문가가 되려면 그렇게 할 필요도 있다. 그러나 그런 유일무이한 전문가까지 될 생각이 아니라면 그냥 유명한 맛집을 가는 게 현명한 선택이다.

그렇다고 아무나 따라 할 일이 아니다. 해당 분야에서 노력하는 사람, 합리적으로 행동하려고 노력하는 사람을 따라 해야 한다. 그러면 내가 열심히 하지 않아도 그 효과를 같이 누릴 수 있다. 효율적인 세상에서는 내가 노력한다고 크게 더 나아지지 않는다. 효율성면에서는 그냥 열심히 하는 사람을 모방하고 따라 하는 게 더 효과적일 수 있다. 경제학이 제안하는 패러독스이다.

효율적 시장에서는
초과이윤이 불가능하다

앞에서 효율적 시장에서는 열심히 노력하고 탐구한다고 꼭 좋은 결과를 기대할 수는 없다고 말했다. 그냥 나보다 더 잘하는 사람의 선택을 따라 하는 쪽이 덜 힘들이면서 비슷한 효과를 얻는 효율적 방법이 될 수 있다. 그런데 그렇게 한다고 큰돈을 벌 수 있을까? 스스로 탐구하고 분석해야 더 큰돈을 벌 수 있지 않을까? 다른 사람을 따라 하기만 하면, 다른 사람이 이미 돈을 다 벌고 난 후에 뒤치다꺼리만 하는 게 아닐까?

경제학에서는 그런 걱정을 할 필요가 없다고 본다. '효율적인 시장에서 초과이윤은 불가능하다. 단지 적정이윤만 얻을 수 있을 뿐이다.' 이는 경제학의 기본 원리 중 하나이다. 즉 아무리 스스로 고민하고 노력해도 돈을 아주 더 많이 벌 수 있는 건 아니다. 그러니 다른 사람을 따라 한다고 해서 돈을 아주 못 벌게 되는 것도 아니다. 스스로 고민하든 그냥 다른 사람을 따라 하든 어차피 큰돈은 못

번다.

효율적인 시장에서 가격은 정해져 있다. 프라이드치킨 한 마리에 2만 원 정도 시세라고 하자. 내가 더 맛있게 만든다고 3만 원을 받을 수는 없다. 그렇게 비싸게 받으면 사는 사람이 거의 없어서 가게가 망한다. 한 마리를 1만 원에 튀길 수 있고 손님에게는 2만 원을 받으면 돈을 많이 벌 수 있다. 그런데 1만 원에 한 마리를 만들기는 너무 어렵다. 가게 임대료, 생닭 가격, 아르바이트 임금, 관리비, 전기료, 시설비 등을 고려하면 불가능하다. 결국 대부분 가게가 1만 5000원 정도 비용으로 만들어 2만 원에 판다. 돈을 벌기는 하는데, 가게를 유지하고 생활비가 나올 정도만의 수입이다. 그러니 큰돈을 벌어 부자가 되기는 힘들다.

더 맛있는 프라이드치킨을 만들어서 히트했다고 하자. 그러면 단기적으로 큰돈을 벌 수는 있다. 그러나 곧 다른 가게들이 비슷하게 만든다. 처음에는 우리 가게가 맛있다고 소문이 나지만, 조금 지나면 다른 가게들의 맛도 나아지면서 모두가 특별할 게 없는 치킨집이 된다. 그래서 단기적으로는 초과이윤을 얻을 수 있어도 장기적으로는 초과이윤을 얻을 수 없다.

이때 돈을 못 버는 건 아니다. 벌기는 번다. 단지 적정이윤 정도만 번다. 대출한 투자 자본의 은행 이자보다 좀 높은 이윤, 그리고 자기 인건비 등은 챙길 수 있다. 열심히 노력하면 그 정도 보상은 기대할 수 있다. 열심히 노력도 하지 않는다면? 그러면 적정이윤도 챙기지 못하고 손해를 본다. 그런 가게는 결국 퇴출된다.

경제학은 시장에 대해 다음과 같은 상당히 비관적인 결론을 내놓는다. 최선을 다하면 망하지 않고 적정이윤을 챙길 수 있다. 큰 부자가 되지는 못하고 그냥 적당한 정도로 살아갈 수 있다. 그리고 최선을 다하지 않으면, 최소한 최선을 다하는 사람을 따라 하지 않으면 망한다.

그러면 시장에서 큰돈을 벌 방법은 없다는 말인가? 있다. 경제학에서는 적정이윤을 넘어서서 초과이윤을 얻는 방법으로 시장 구조를 이야기한다. 완전경쟁 시장, 즉 모두가 자유롭게 사업을 시작하고 그만둘 수 있다면 초과이윤을 얻기 어렵다. 한국에서 이런 대표적인 사업이 커피점, 치킨집, 편의점, 음식점 같은 자영업이다. 자영업자가 괜히 힘든 게 아니다. 진입과 퇴출이 자유로운 완전경쟁에서 사업을 하면 노력은 노력대로 하고 수익은 제대로 얻지 못한다.

초과이윤을 얻을 수 있는 시장은 독점 아니면 과점 시장이다. 독점 시장은 시장에 그 상품을 공급하는 기업이 한 개밖에 존재하지 않는 경우이다. 과점 시장은 2개 이상으로 소수의 기업만 존재하는 경우이다.

완전경쟁 시장에서는 누가 큰돈을 벌었다고 하면 너도나도 돈을 벌기 위해 시장에 들어갈 수 있다. 하지만 독점 시장, 과점 시장은 아무리 기존 기업이 돈을 많이 번다 해도 다른 사람들이 진입하기 힘들다. 이유는 다양하다. 우선 정부 허가가 필요하다. 한국에서 카지노 사업을 하면 분명 돈을 번다. 하지만 마음대로 카지노 사업을 할 순 없다. 내국인이 들어갈 수 있는 카지노는 강원랜드뿐이다. 소위 말하는 독점 기업이다. 강원랜드는 엄청나게 돈을 벌고 있다. 그런데 이건 강원랜드가 운영을 잘해서, 기술이 있어서가 아니다. 정부 허가를 기반으로 한 독점 사업이기 때문이다. 기술적으로 독점인 경우도 있다. 코카콜라 제조 기술은 아무도 따라 할 수 없다. 많은 회사가 같은 맛을 내보려고 노력했지만 모두 실패했다. 펩시가 그래도 좀 비슷한 맛을 내서 역시 세계적인 음료 회사가 되었다.

과점은 독점만큼은 아니지만 그래도 초과이윤을 얻을 수 있다. 현대사회에서는 의사, 약사, 변호사, 회계사가 많은 돈을 번다고 알려져 있다. 그런데 이런 업무를 하기 위해서는 정부가 인정하는 자격증을 따야 한다. 그런 자격증은 시험 성적이 좋다고 해서 그냥 발급되지 않는다. 1년 중 일정한 인원에게만 자격증을 준다는 제한이 있다. 이런 게 과점 시장이다. 다른 사람이 함부로 진입할 수 없는 과점 시장에서 사업을 수행하면 보다 쉽게 초과이윤을 낼 수 있다.

사실상 한국의 대부분 기업은 과점이다. 통신사는 SK텔레콤을 포함해 3개밖에 없고, 세탁기와 냉장고 등 가전을 만드는 회사는 실질적으로 삼성과 LG 2개뿐이다. 설탕을 제공하는 회사도 3개 정도밖에 없고, 자동차 제조 회사도 현대−기아와 몇 개 회사뿐이다. 수입은 이런 독과점 시장에서 발생한다. 이 회사들이 열심히 잘해서 수입이 많다고 생각해서는 곤란하다. 물론 열심히 잘하는 것도 있지만, 완전경쟁시장에서 일하는 모두가 열심히 잘한다. 하지만 똑같이 그렇게 해도 완전경쟁시장에서는 그냥 근근이 살 뿐이고, 독과점 시장에서 유리한 위치에 있어야 큰돈을 벌 수 있다. 완전경쟁시장에서는 제대로 하지 않으면 바로 이익을 내지 못하고 퇴출된다. 하지만 독과점 시장에서는 조금 잘못하더라도 살아남은 채 이익을 얻는 게 어렵지 않다.

워런 버핏은 '해자를 두른 기업'에 투자해야 한다고 했다. 독점하고 있어 다른 기업들이 접근하기 어려운 기업을 의미한다. 투자에서 중요한 건 기업 구성원이 얼마나 똑똑하고 열심히 하느냐가 아니다. 사업모델에 독점력, 최소한 과점력이 있는가가 더 중요하다. 그런데 이건 투자에서만이 아니다. 내가 돈을 많이 벌기 위해서 어떤 직업, 어떤 직종의 일을 해야 하느냐에서도 독과점 여부가 중요하다. 다른 사람들이 많이 하고 있고 나 스스로 별로 차별되지 않는 일이라면, 내가 아무리 열심히 잘해도 큰돈을 벌기는 어렵다. 완전경쟁시장에 가까운 업무, 직책으로는 초과이윤을 얻을 수 없는 것이다. 큰돈을 벌 가능성을 높이려면 내가 독점으로 할 수 있는 일, 최소한 과점이 될 수 있는 업무를 수행해야 한다. 그런 분야에서 노력해야 하고, 그런 업무를 맡아서 승부를 걸어야 한다. 나의 수입을 결정짓는 주된 요소는 노력이나 성과가 아니다. 어떤 시장에서 어떤 위치에 있느냐가 더 중요하다. 돈은 비효율적인 시장에서 나온다.

열심히 일하는 자에게
복이 온다?

내가 교수이던 시절, 학생들을 상대로 면담이나 진로지도를 많이 했다. 취업하려면 무엇이 필요한지, 어떻게 해야 하는지 등, 자격증을 취득하려면 무엇을 얼마나 해야 하는지 등에 대한 이야기도 했다. 그런데 그렇게 이야기를 나누고 나갈 때 학생들이 가장 많이 한 말은 '열심히 하겠습니다'이다. 열심히 찾아보고, 열심히 공부하고, 열심히 자기소개서를 쓰겠다는 것인데, 결국 보다 많은 시간과 노동력을 투여하겠다는 뜻이다. 본인이 각오하고 하는 말이니 좋은 말이긴 하다. 하지만 나는 열심히 하겠다는 말을 들을 때마다 조금 마음이 걸린다. '이게 많은 시간과 노동력을 투여한다고 되는 일이 아닌데……. 좀 더 효율적으로 잘하는 게 필요한데'라는 아쉬움이다.

학생들만이 아니고 많은 사람이 열심히 무엇을 한다. 보다 많은 시간을 투여하고, 보다 많이 노력하고, 다른 쓸데없는 데에 신경 쓰지 않는다. 하지만 경제학에서는 노력과 시간 투여에 그리 큰 의미를 두지 않는다. 물론 노력은 필요하다. 하지만 유일한 길이 아니며, 또한 노력하는 것만으로는 한계가 있다. 열심히 노력만 한다는 건 고생은 고생대로 하면서 원하는 건 얻기 힘든 길이다.

열심히 일하고 노력해야 성공할 수 있는 시스템이 있다. 농경사회이다. 아침에 일찍 일어나 논밭에 나가고, 해질 때까지 열심히 일해야 먹고살 수 있다. 다른 사람들이 쉴 때도 일하고, 더 일찍 일어나고 더 늦게 자면서 일하면 성공한 농부가 될 수 있다. 이런 사회는 노동이 가장 중요한 가치를 가진다. 경제학이 생성된 초기의 노동가치설이 바로 이런 사회를 반영한다. 애덤 스미스, 칼 마르크스 등 초기 경제학자들의 이론은 노동가치설에 기반한다. 노동자들이 아주 열심히 일하는데 왜 잘살지 못하느냐에 대한 마르크스의 비판은 노동가치설의 시각에서 볼 때만 일리가 있다.

하지만 경제학에서 노동가치설은 바로 퇴장한다. 가치를 만들기 위해서는 노동이 중요하지만, 자본도 중요하다. 바닷가에서 하루 종일 낚시와 작살로 물고기를 잡으려 한다고 하자. 하루 15시간을 해도 많이 잡지 못한다. 하지만 배를 타고 바다 한가운데에 가서 그물로 잡으면 1시간 만에 훨씬 많은 고기를 잡을 수 있다. 그럼 누가 더 잘한 걸까? 노동가치설에 의하면 바닷가에서 15시간 일한 사람이 더 잘한 것이다. 하지만 자본을 중요시하는 현대 경제학에서는 자본인 배를 이용해 1시간 일한 사람이 더 잘한 것이다. 마르크스의 노동가치설에 의하면, 1시간 배 타고 일한 사람이 바닷가에서 15시간 일한 사람보다 훨씬 많은 물고기를 가져가는 건 불공평하고 불합리한 일이다. 사회 구조가 잘못되어서 이런 불평등이 발생한 것이다. 하지만 현대 경제학에서는 자본은 노동과 똑같이, 아니 오히려 노동보다 더 생산성에 영향을 주는 요소이다. 사회 전체에도 배라는 자본을 이용해 1시간 일하는 사람이 그냥 15시간 일하는 사람보다 훨씬 기여를 많이 한다.

토마 피케티는《21세기 자본》이라는 세계적으로 논란이 된 베스트셀러를 출간했다. 이 책은 역사적으로 자본수익률이 경제성장률보다 항상 높았다는 점을 보여준다. 자본수익률과 노동수익률의 평균이 경제성장률이다. 그런데 자본수익률이 경제성장률보다 높다는 건, 노동수익률은 경제성장률보다 낮다는 이야기이다. 자본수익률은 항상 노동수익률보다 높다. 이건 자본주의 사회이기 때문이 아니다. 자본주의가 도입되기 전에도 자본수익률이 노동수익률보다 높았다. 사회구조와 상관없이 자본이 노동보다 수익률이 더 높다. 즉 우리가 돈을 벌고자 할 때 더 중요한 건 노동이 아니라 자본이다. 얼마나 열심히 일할까, 얼마나 오래 일할까를 고민하기보다 자본을 투여하는 게 더 큰 수익을 얻는 비결이라는 뜻이다.

자본이 없으니 노동을 더 투여하는 게 아니겠냐고? 맞는 말이지만 여기서 말하는 자본은 꼭 몇억 원, 몇십억 원의 큰돈이 아니다. 영어를 공부한다고 하면 책 보고 혼자 공부하기보다 학원을 다니는 것이고, 집에서 공부하기보다 스터디 카페에 가는 것도 충분히 자본을 이용하는 방법이다. 사람들은 돈을 아까워해서 이런 데에 쓰기를 주저한다. 자본을 이용하라는 말은 돈을 아끼기보다 돈을 투여해서 자기 생산성을 높이라는 뜻이다. 돈을 아끼려고 혼자 모든 일을 하려 하지 말고, 사람을 고용해 돈을 주면서 일을 맡기는 편이 더 생산적이다.

그래서 보다 열심히, 많은 시간 일하려고 노력하기보다 더 많은 자본을 만들려고 노력해야 한다. 자본이 많을수록 생산성은 높아진다. 자본을 만들어서 자본을 이용하는 것, 현대 경제학에서는 이게 열심히 일하는 것보다 훨씬 가치 있는 일이다.

생산성에 영향을 미치는 요소로는 노동과 자본 외에 하나가 더 있다. 기술이다. 소수의 사람만 할 수 있는 것이 기술이다. 의사, 변호사, 회계사, 세무사, 변리사, 프로그래머, 엔지니어, 건축사, 목수, 원예사가 모두 기술이다. 특정 기술이 있으면 생산성을 높이고 더 많은 돈을 벌기가 쉬워진다. 또한 기술은 이런 특별한 자격만 뜻하지 않는다. 노동을 활용하는 방법, 자본을 사용하는 방법도 기술이다. 똑같이 5억 원을 가지고 있더라도 어떤 사람은 소비하는 데 다 써버리고, 어떤 사람은 이 돈으로 사업을 한다. 또 어떤 사람은 주식투자를 해서 모두 날리고, 어떤 사람은 주식투자로 더 큰 돈을 만든다. 이것도 기술의 차이이다.

노동에도 기술이 적용된다. 똑같은 일을 하는데 어떤 사람은 5시간 걸리는데 다른 사람은 1시간이면 된다. 이 차이가 기술력의 차이이다. 한 사람의 노동력은 하루 15시간이 최대이다. 보통 사람이 8시간 일할 수 있으니, 노동으로 아무리 열심히 해도 2배 정도 차이만 낼 수 있을 뿐이다. 하지만 자본은 자본의 크기에 따라 차이를 벌릴 수 있다. 자본은 크면 클수록 수익의 크기도 커진다. 그리고 가지고 있는 자본에 한계가 있다면 눈을 돌려 기술에 초점을 두어야 한다. 물론 기술로 증가시킬 수 있는 생산력에도 한계가 있다. 자본만큼 큰 차이를 내지는 못한다. 하지만 기술이 노동보다는 월등히 큰 차이를 만든다. 즉 노동보다는 기술에 중점을 두어야 하고, 궁극적으로는 자본에 초점을 두어야 한다. 그게 자본주의 경제학이다.

우리는 모두 농경사회의 후손이다. 농경사회는 다른 무엇보다 근면과 절약을 추구하는 사회였다. 여전히 우리는 열심히 일하는 데에 큰 가치를 둔다. 열심히 일하면 문제가 해결될 수 있다고 생각하고, 많은 시간을 투여할 때 성공 가능성이 높다고 본다. 하지만 경제학은 그런 사고방식을 인정하지 않는다. 노동이 중요하지만 자본과 기술이 더 중요하다. 결국 잘살기 위해 필요한 것은 노동보다는 자본과 기술이다. 나는 이렇게 열심히 살았는데 왜 좋아지지 않고 그대로인가, 오히려 왜 더 삶이 팍팍해지는가 하고 불평하고 있는가? 현대 경제사회에서 열심히 사는 것은 성공의 중요 요소가 아니다. 아무리 노력한다 해도 노동에는 한계가 있다. 중요한 건 기술과 자본이다. 오랜 시간 열심히 일하는 것이 더 나은 삶을 보장하지 않는다는 점, 노동의 패러독스이다.

학생들이 노력하면
취업률이 오를까?

경제학에서 주요 행위 주체는 개인, 기업, 정부이다. 이 중 정부는 심판자, 조정자 역할이고, 실제 행위자는 개인과 기업이다. 그러면 개인이 더 중요할까 기업이 더 중요할까? 당연히 개인이 더 중요하다. 개인과 기업이 서로 대립하는 위치에 있을 때 기업보다 개인 편을 드는 게 더 정당하지 않을까? 기업은 어디까지나 개인을 보완하는 위치에 있으니까.

그런데 그렇게 간단하지 않다. 우리는 기업이라고 이름 붙이고 뭔가 개인과 다른 존재로 생각하지만, 사실 기업은 개인들의 집합이다. 기업은 상품이나 서비스를 생산하는 개인들의 모임이다. 경제학에서 개인은 소비자, 기업은 생산자로 역할을 구분한다. 그런데 개인들이 일을 하면서 생산하기도 한다. 이때 생산하는 개인들을 기업이라고 할 뿐이다. 소비하는 자는 일반 개인, 생산하는 자는 기업인 것이다. 그래서 단순히 기업보다 개인을 더 도와야 한다고 생각한다면 핀트에 어긋날 수 있다.

내가 교수였던 때의 이야기이다. 학교에서는 취업률이 아주 중요하다. 교육부의 대학평가에서 취업률은 중요 지표이고, 학생들이 대학에 지원할 때도 취업률이 주요 관심사가 된다. 정부는 취업 프로그램을 만들도록 학교에 각종 지원도 한다. 한 학과가 취업률을 높이기 위해 정부 지원으로 기업들과의 산학협력 프로그램을 만들었다. 기업에서 사용하는 ERP 프로그램 개발에 대해 학생들이 학교에서 배울 수 있도록 한 프로그램이었다. 기업의 실무진이 직접 와서 강의하고 실습했다. 그리고 이 프로그램을 마친 학생들은 졸업 후 해당 기업에 우선으로 면접을 보고 취업할 수 있었다. ERP 프로그램 개발은 따로 가르치는 곳이 없다. 그동안 기업에서 신입사원을 받아 처음부터 가르치고는 했다. 그런데 이제 회사에 들어오기 전 학교에서 미리 가르칠 수 있으니 기업 측에도 이로웠다. 또 학교 측은 이 프로그램을 통해 실제로 취업하는 학생들이 나오니 취업률이 올라가는 효과를 기대했다. 학과에서는 학생들을 대상으로 이 프로그램을 소개했고 지원을 독려했다.

이 산학협력 프로그램이 수년간 운영되었다. 이 프로그램을 통해 취업한 학생은 해마다 10여 명 정도 되었다. 취업자가 10명 나온다는 건 굉장한 것이다. 50명 정원에서 10명이 추가로 취업하면 취업률 20%가 올라간다. 다른 학교, 다른 학과보다 20% 높으면 압도적인 취업률이라 할 수 있다. 그런데 이상한 점이 있었다. 새로운 산학협력 프로그램으로 취업한 학생들이 꽤 되었다. 하지만 학과 전체 취업률은 전과 같았다. 이전 취업률이 65%였다면, 지금도 계속 65%였다. 어떻게 된 걸까?

이유를 바로 알 수 있었다. 이 산학협력 프로그램을 수료하면서 ERP 프로그램을 익힌 학생들은 그중 우수한 학생들이었다. 이들이 산학협력 프로그램을 수료하지 않았다면 어떻게 되었을까? 졸업 때 취업을 못 하고 그냥 백수가 되었을까? 아니다. 이 학생들은 산학협력 프로그램이 없었어도 취업했을 학생들이다. 우리 학교, 학과는 산학협력 프로그램 운영 전에도 취업률이 높은 편이었다. 그러니 애초에 다른 기업에 취업할 학생들이 산학협력 프로그램에 참석했던 것이다. 그로 인해 취업 기업이 달라진 것뿐이다. 그러니 전체적으로는 취업률이 같다.

학생들은 산학협력 프로그램이 취업을 돕는다고 생각했다. 하지만 어차피 취업할 학생들이 취업한 것일 뿐이었다. 학생들은 잘 모르겠지만, 그동안 계속 취업 지도를 해온 교수들은 모를 수 없는 사실이다. 즉 산학협력 프로그램이 학생들의 취업에 실제 도움이 된 건 아니다. 그런데 학생들은 입학하고 얼마 후부터 산학협력 프로그램에 들어가 열심히 공부했다. 이전에는 하지 않아도 되었던 공부였다. 전에는 회사에 들어가서나 배울 프로그램 개발을, 학생 시절부터 공부하고 시험을 치러야 했다. 프로그램에서 우수한 성적을 낸 학생들은 취업 기회가 생겼다. 하지만 그러지 못한 학생들은 어려운 프로그램을 배우기만 하고 이득은 없었다.

결국 취업률을 올리고자 한 프로그램은 학생들이 더 열심히 공부

하고 배우고 경쟁하도록 만들었을 뿐이다. 그렇게 고생하고도 실제 취업률이 더 올라가지는 않았다. 이건 학교 내에서만 벌어지는 일이 아니다. 어떤 학교에서 학생들이 열심히 취업 활동을 하고 학교가 지원을 해서 취업률이 월등히 높아졌다고 하자. 하지만 그만큼 다른 학교의 취업률은 낮아진다. 전체 청년 실업률에는 변화가 없다. 학생들의 노력만 강화되고 힘든 과정을 더 거칠 뿐이다.

그렇다면 전체 취업률을 올리려면 어떻게 해야 할까? 학교와 학생들을 독려하고 지원하더라도 취업률이 올라가지는 않는다. 기업 활동을 지원해야 취업률이 올라간다. 취업률은 기업이 결정하기 때문이다. 100명의 졸업생이 있을 때, 기업이 60명을 뽑으면 취업률 60%가 되고, 기업이 70명을 뽑으면 취업률 70%가 된다. 더 많은 기업이 생기고, 기업이 성장하면 자연히 뽑으려는 사람도 많아진다. 학생들이 토익 점수를 높게 받고 성적이 뛰어날 필요도 없다. 5명을 뽑는데 100명이 몰려드니 거르기 위해서 토익 점수가 몇 점 이상이어야 한다, 학점이 몇 점 이상이어야 한다는 조건이 붙는다. 90명을 뽑는데 100명이 오면 토익, 학점 같은 건 제쳐두고 그냥 인성만 보고 뽑아도 된다.

취업률을 높이기 위해 학생들에게 많은 지원을 하고, 학생들도 열심히 노력해야 한다는 건 핀트가 어긋난 이야기이다. 취업률을 높이기 위해서는 기업을 지원하고, 기업이 더 많이 투자할 수 있게 해야 한다. 그래야 정말로 취업률이 높아지고, 학생들이 취업 지옥에서 벗어날 수 있다.

그러나 그런 이야기는 거의 들을 수 없다. 취업률 관련 정책은 모두 학생에게 초점이 맞추어져 있다. 학생이 실력을 높여야 하고, 기업이 사용하는 기술을 익혀야 하고, 자기소개서를 더 잘 써야 하고, 훨씬 더 노력해야 하고, 교육을 더 많이 받아야 하고, 인성을 함양해야 하고, 인턴 활동을 해야 하고 등등. 모든 취업 정책이 학생은 어떻게 해야 한다는 이야기뿐이다. 이런 정책에 그야말로 엄청난 돈을 쏟아붓는다. 하지만 이런 건 전체 취업률과 아무 상관이 없다. 누군가 노력해서 취업하면, 그 대신 다른 이가 취업을 못 할 뿐이다.

그 많은 취업 지원금으로 차라리 기업을 도우면 효과가 있을 것이다. 하지만 기업을 돕자는 이야기는 잘 나오지 않는다. 기업을 개인과 대치되는 존재로 보고, 기업의 이익은 개인의 이익과 반대된다고 생각한다. 그러나 기업은 생산하는 개인들의 집합이다. 기업을 개인과 대립하고 대치하는 존재로 보면 초점에서 벗어난다. 청년 취업률 정책이 딱 그렇다.

안정적 경제는
경제학에 없다

　사람들은 안정을 좋아한다. 변화 없는 평온한 생활을 원한다. 물론 지겨우니 변화가 필요하다는 사람들도 있다. 하지만 그건 좀 다른 걸 먹는다든지, 다른 취미활동을 한다든지, 여행을 한다든지, 다른 사람을 만난다든지 하는 정도의 변화이다. 직장을 바꿔야 하는 변화, 생계 수단이 달라지는 변화, 수입이 급격히 줄어드는 변화는 바라지 않는다. 젊어서는 그런 변화를 추구할 수도 있다. 하지만 어느 정도 나이가 들면 누구나 그런 급격하고 중대한 변화는 바라지 않는다. 개인 생활 면에서만이 아니라, 사회적으로도 그런 변화는 곤란하다. 그렇게 급격한 변화가 발생하는 사회는 좋은 사회가 아니다.

　그런데 경제학에서는 그런 안정이 존재하지 않는다. 평온한 경제가 지속되는 것, 변화가 크지 않고 점진적으로 발전해나가는 것, 그게 이상적이기는 하다. 하지만 경제는 그런 식으로 변하지 않는다.

경제는 항상 호황과 불황의 열탕과 냉탕을 오간다. 그게 자본주의 경제의 특징이다.

2008년 세계 금융위기가 발생했다. 미국의 서브프라임 문제로 발생한 불황은 전 세계로 파급되었고 많은 나라가 경제위기를 겪었다. 이때 나온 구호가 '이제 자본주의는 끝났다'이다. 자본주의는 많은 문제점을 가지고 있다. 그동안 어찌어찌 버텨왔지만, 이제 세계가 경제 불황에 빠지게 되었다. 자본주의는 제대로 굴러갈 수 없다. 자본주의를 대체하는 새로운 시스템을 구축해야 한다는 말이 나왔다. 일리 있는 말이었다. 자본주의를 추구하다가 전 세계가 불황에 빠졌으니. 그렇다면 자본주의에 본질적인 문제가 있는 게 아닌가. 이제 자본주의는 포기하고 다른 경제 시스템을 만들어야 하는 게 아닐까. 그런데 재미있는 점이 있다. '자본주의는 끝났다'는 주장은 이때가 처음이 아니었다.

가장 유명한 '자본주의는 끝났다'는 명제는 《자본론》으로 유명한 칼 마르크스에게서 나왔다. 《자본론》 자체가 자본주의의 한계를 지적하고, 이제 사회주의, 공산주의로 나아가야 한다고 말한다. 마르크스는 19세기의 경제학자이다. 1830년대 미국과 유럽은 불황을 겪었다. 18세기에 새로 대두된 자본주의로 세상이 좋아진다고 믿고 있었는데, 경제 불황이 닥치면서 모두가 어려움을 겪는다. 이 경험으로 마르크스는 《자본론》을 간행하여 사회주의의 시조가 된다. 자본주의는 경제 불황을 가져오고, 이로 인해 결국 자본주의는 망하고 사회주의 사회로 변하게 된다는 이야기였다. 당시 사회주의 신봉자들은 사회주의, 공산주의를 앞으로 다가올 먼 미래로 생각하지 않았다. 길어야 10년, 20년 내 자본주의는 망하고, 사회주의 사회가 들어설 것이라고 생각했다. 불황은 자본주의가 제대로 작동하지 않는다는 확실한 증거였다.

그런데 마르크스의 예상과 달리 자본주의는 망하지 않고 지속되었다. 불황도 계속 발생했다. 1907년 금융위기도 자본주의에 사망 선고를 내린 사건이었다. 더 이상 자본주의는 유지될 수 없다고 보았고, 이런 위기감은 1909년에 러시아에서 사회주의 혁명이 발생해 공산주의 국가가 들어서는 데 영향을 미쳤다. 1929년 미국 대공황도 더 이상 자본주의가 유지될 수 없다는 확신을 사람들에게 심어주었다. 히틀러의 독일은 자유를 중시하는 자본주의에서 벗어나 국가의 경제계획과 지원을 중시하는 경제 시스템을 만들었고, 미국 루스벨트 대통령은 사회주의 시스템을 적극 도입한 뉴딜 정책을 시행했다. 경제 불황, 공황이 발생할 때마다 항상 자본주의는 이제 끝났다, 자본주의에서 벗어나 다른 시스템을 만들어야 한다는 주장이 제기되었다. 불황으로 경제를 불안하게 만드는 자본주의는 해답이 될 수 없으니, 더 안정적인 경제 시스템이 필요하다는 것이었다.

그런데 1922년, 니콜라이 드미트리예비치 콘드라티예프라는 러시아 학자가 희한한 이론을 발표한다. 경제는 45~60년 주기로 호황과 불황을 반복한다는 이론이었다. 소위 말하는 경기순환론이다. 지금 우리의 시각으로는 특별하지 않다. 경기가 좋아졌다 나빠졌다 한다는 게 뭐가 그리 대단한가? 그런데 이건 우리들이 이미 경제가 호황과 불황을 오간다는 것을 알기 때문이다. 하지만 당시에는 엄청난 이야기였다. 마르크스는 불황이 와서 자본주의가 망한다고 보았다. 러시아는 그 이론을 바탕으로 만들어진 국가이다. 불황은 자본주의가 제대로 된 경제 시스템이 아니라는 확실한 증거라고 보았다. 자본주의 사회는 계속 발생하는 불황으로 어려워지기 때문에 불황이 없는 사회주의가 더 좋은 시스템이라는 것이다.

그런데 콘드라티예프의 경기순환론에 의하면 자본주의에 불황이 오지만 시간이 지나면 자연스레 극복된다. 단순히 극복되는 것에 그치는 것이 아니라, 그 후 호황이 와서 오히려 이전보다 좋아진다. 호황-불황-호황-불황-호황이 주기적으로 일어나고, 그러면서 자본주의는 발전해간다. 이 이론에 의하면 불황은 자본주의가 망한다는 증거가 아니다. 지금은 안 좋아도 앞으로 더 나아질 수 있다는 희망이 된다. 사회주의 국가 러시아 입장에서는 이런 경기순환론을 받아들일 수 없다. 그래서 러시아 정부는 콘드라티예프를 체포해서 시베리아 유형소로 보내버린다.

그의 이론이 서구에 알려지면서 경기순환론에 대한 본격적인 연구가 시작된다. 이후 4년 주기의 키친 순환, 20년 주기의 쿠즈네츠 순환이 개발되고, 1800년대 중반 제시되었지만 완전히 잊혔던 10년 주기의 주글러 순환도 재조명을 받는다. 이렇게 경기순환에 대한 연구가 이어지면서 자본주의 발전 과정에 불황은 필연이라는 것을 알게 된다. 자본주의는 절대 일정한 페이스로 계속 성장하는 모습을 보이지 않는다. 좋아지고 나빠지기를 반복한다. 그리고 불황기에는 과잉투자나 빚투자 등 자본주의의 문제들이 해결된다. 그러니 불황이 끝나면 보다 건전한 자본주의가 된다. 자본주의는 이런 식으로 성장하기에 그 경제는 안정적일 수 없다. 자본주의는 원래 불안정적이다.

안정을 원하는 사람에게 자본주의 경제는 여전히 안 좋은 시스템이다. 1997년 IMF 사태로 얼마나 많은 사람이 일자리를 잃고 고통을 받았나. 2008년 세계 금융위기로 얼마나 많은 사람이 어려워졌나. 2020년 코로나19 사태에서 공급망 붕괴로 얼마나 어려웠나. 이런 일이 있을 때마다 자본주의의 불안정성을 이야기하고, 새로운 경제 시스템을 만들어야 한다고 주장한다. 그러나 경제학에서 경제는 원래 불안정하다. 호황과 불황을 주기적으로 반복하는 불안정한 시스템이다. 경제학 교과서에서는 수요와 공급이 만나는 균형을 항상 이야기한다. 균형점이라 하니까 사람들은 그것이 안정적이라고 생각한다. 하지만 경제학에서의 균형은 안정이 아니다. 아주 민감한 접시저울의 균형에 가깝다. 왼쪽과 오른쪽의 무게가 일치해서 균형을 이룬다. 하지만 10그램, 아니 1그램이라도 한쪽에 더하거나 빼면 바로 기울어진다. 균형이기는 하지만 안정은 아니다. 계속 주시하고 조심하지 않으면 바로 기울어지는 불안정한 균형이다. 자본주의 경제의 균형은 유지되지 않는다. 주기적으로 균형이 무너지고 새로 설정해야 한다. 즉 경제에 안정은 없다. 이것을 인정하고 평소에 대비해야 한다.

도덕 사회의 패러독스
─《꿀벌의 우화》

우리는 풍요롭고 잘사는 사회를 원하는가, 정의롭고 도덕적인 사회를 원하는가. 정의롭고 도덕적인 사회이면서 풍요롭고 잘사는 사회라면 참 좋을 것이다. 그렇지만 정의롭고 도덕적인 사회와 풍요롭고 잘사는 사회 사이에는 패러독스가 존재한다. 정의와 도덕을 추구하는 사회는 풍요롭게 잘살기 힘들다. 어느 정도 부도덕을 용인하고, 정의보다는 보통 사람의 삶에 더 초점을 맞출 때 더 잘사는 사회가 된다. 조선은 엄격히 정의와 도덕을 추구하는 사회였다. 하지만 전 세계에서 가장 못사는 나라 중 하나였다. 지금 미국이 도덕적이고 정의롭다고 인정하는 사람은 거의 없다. 인종 문제, 빈부격차 문제, 정치적 올바름 문제 등으로 매일 시끄럽다. 하지만 가장 풍요로운 국가이고, 계속 발전이 이루어지는 나라이다.

자본주의가 출현하기 전, 이 패러독스 관계를 가장 잘 표현한 책으로《꿀벌의 우화》가 있다. 1705년 버나드 맨더빌이 지은 우화이며, 영국에서 출간되었을 때부터 많은 논란을 일으켰다. 애덤 스미스의《국부론》은 1776년 출간되었는데, 시기적으로 볼 때《꿀벌의 우화》는 경제학과 자본주의 발전 과정에 큰 영향을 미친 것으로 평가되기도 한다.

풍요로운 벌집이 있다. 여기에는 아주 많은 벌이 모여 풍요로운 삶을 살고 있다. 다른 벌집들이 부러워하는 표본이다. 그런데 이 벌집의 벌들을 하나하나 자세히 보면 제대로 된 벌들이 없다. 모두 사기꾼이고 악당이다.

변호사 벌은 벌들 사이에 싸움을 붙이고 편을 가른다. 서로 부추겨서 소송을 제기하게 하고 싸우게 한다. 의사도 환자의 건강을 중요시하지 않는다. 병을 고치는 자신의 능력보다는 명예와 돈을 더 좋아한다. 환자들을 이용해 돈을 벌고 자기 명예를 높이는 데 더 열심이다. 성직자는 신의 축복을 얻어주는 일을 하는데 대부분 엉터리이다. 또 이들은 무식하기도 하다. 왕을 섬기는 신하들이 있는데 이들은 왕을 속이기만 한다. 신하들은 왕을 받들어 종노릇을 하면서 그 대가로 왕의 재산을 훔친다. 수공업자들은 금방 부서지고 사용할 수 없게 될 것들을 만들어서 판다.

벌들은 모두 문제가 있다. 자기 분수에 맞지 않게 사치하고 겸손을 모르고 오만하다. 다른 벌들을 시샘하고 질투한다. 또 자기가 산업의 역군이라는 등 헛바람만 들어 있다. 자중하지 못하고 먹고 쓰고 입는 것에 계속 변덕을 부린다. 자기 허물은 그냥 넘어가면서 다른 벌들의 허물은 참지 못하고 뭐라 한다. 제대로 된 벌이 없는 벌집이다. 벌들도 자기 주변에 있는 벌들이 도덕적으로 문제가 많다는 걸 안다. 이들은 신에게 이 사회가 정직한 사회가 되게 해달라고 기도한다.

신은 이들의 행태에 분개한다. 이 벌집에서 속임수를 없애기로 결심하고 그렇게 했다. 모든 벌의 마음을 정직하게 만들었다. 이제 모든 벌이 양심적이고 정의롭고 옳은 일만 하게 되었다. 신이 이런 정의로운 사회를 만들자, 물건값이 바로 떨어졌다. 이전에는 소고기 1파운드에 3페니 정도였는데, 2페니가 되면서 2/3 가격이 된다. 중간에 폭리를 취하던 벌들이 없어지면서 물건 가격이 싸졌다. 이제 모든 상품이 제 가격만 받는 좋은 사회가 되는 것 같다.

모든 벌이 나쁜 짓을 하지 않는 도덕적인 사회가 되었다. 먼저 재판정이 조용해진다. 잘못을 저지르는 벌이 없으니 재판정이 열릴 일이 없다. 그동안 범죄자를 잡으러 다니던 경찰이 필요 없어졌다. 검사도 판사도 필요 없어졌다. 죄수가 없어져서 감옥 가는 벌도 없고, 감옥을 관리하는 교도관도 없어진다. 빚을 진 벌은 스스로 알아서 모든 빚을 갚으니 분쟁이 생기지 않는다. 갚을 돈이 없는 벌을 위해 주변에서 모두 도와준다. 변호사도 필요 없고 사법 업무가 전혀 필요 없다. 경찰, 검사, 판사, 교도관, 변호사 모두 할 일이 없어지자 결국 일자리가 사라진다. 이들은 수입이 없어 가난 속에 살게 되고, 결국 살길을 찾아 벌집을 떠난다.

그동안은 아픈 벌들이 의사를 찾았지만 이제는 의사도 필요 없어진다. 아픈 벌이 생기면 고치는 방법을 아는 벌들이 찾아와 병을 고쳐준다. 정의로운 의사들이 돈도 받지 않고 구제해주니, 돈과 명예만 알던 의사들은 발을 붙일 수 없다. 의사들도 벌집을 떠난다.

성직자들은 그동안 벌들에게 천국을 팔면서 돈을 받아왔다. 하지만 이제 성직자들은 기도와 희생으로 신을 섬기는 것에 몰두한다. 그러니 벌들 앞에 나설 일도 없고, 각종 행사를 주재할 일도 없다. 교회는 성직자가 기도에만 열중하는 곳이 되고, 벌들이 오갈 일이 없게 된다. 이런 분위기에 맞지 않는 성직자는 교회를 떠난다.

신하와 관리들은 이제 일을 열심히 한다. 이전에는 세 마리가 놀며 쉬면서 하던 일을 이제 혼자서 다한다. 그러니 나머지 두 마리는 할 일이 없다. 몇천 마리 벌이 관리직을 그만두고 벌집을 떠난다.

이제는 벌들이 사치하지 않는다. 자기에게 꼭 필요한 것만 사고, 더 이상 쓸 수 없어질 때나 물건을 산다. 사치 부리며 입던 많은 옷을 팔고, 마차도 헐값에 내버리고, 멋진 말들도 팔고 시골 저택도 판다. 그러니 시장에 공급이 넘친다. 더 이상 옷을 만들지 않고 마차도 만들지 않고 집도 만들지 않는다. 집 짓는 일거리가 사라지고 기술자들은 일자리를 잃는다. 사치를 부리지 않으니 초상화를 그려달라는 벌도 없다. 초상화가도 일자리를 잃는다. 대리석이 더 이상 팔리지 않으니 돌을 자르는 벌이나 돌에 문양을 새기는 벌도 일자리를 잃는다. 또 더 이상 술에 취하지 않겠다고 마음먹으니 벌집 전체에서 술집이 없어지고, 거기서 일하는 벌들도 없어진다. 술집에서 돈을 벌던 암컷 벌들도 더 이상 황금 옷을 살 수 없다.

이렇게 모든 벌이 검소하게 살면서 상품을 살 때 변덕을 부리지 않는다. 변덕을 부리지 않으니 하나의 옷을 오래 입는다. 그러니 이제 유행이나 패션은 없다. 초라한 곳간에 살면서도 만족한다. 그러니 예술 공예품도 만들어지지 않고, 기존 공예품들은 잊힌 채 길에 버려진다. 농부들도 더 이상 좋은 과일을 만들려고 애쓰지 않는다. 좋고 귀한 과일을 만들어도 돈벌이가 되지 않는다.

이 벌집은 그동안 많은 벌이 북적이며 살면서 온갖 유행을 선도하는 풍요로운 곳이었다. 하지만 이제 많은 벌이 살지 않는다. 유행도 없고 풍요도 없다. 그냥 평범하고 소박한 벌집이 되었고, 누구도 관심을 두지 않는다.

《꿀벌의 우화》가 주장하는 것은 간단하다. "우리를 사회적 동물로 만들어주는 것은 어울리기 좋아하는 마음, 착한 마음, 타인을 불쌍히 여기고 사랑하는 마음같이 겉으로 드러나는 아름다운 품성이 아니다. 행복하게 잘사는 사회란 야비하고 밉살스러운 품성 덕분에 유지된다."

이 이야기가 부도덕을 인정한다고 해서 폭력, 도둑, 강도까지 인정하는 건 아니다. 그런 악행은 인간 사회에서 인정된 적이 없다. 하지만 사람의 욕심, 탐욕, 이기심, 사치 등 부도덕하다고 생각되는 품성은 인정되어야 한다고 보는 것이다. 성직자 수준의 정결한 마음을 추구하는 건 사회에 도움이 되지 않고 오히려 해롭다. 사회 정의와 풍요 사이의 패러독스이다.

7장

ECONOMICS
PARADOX

경제의 패러독스를
막으려면

선의의 동기 vs 결과

경제의 패러독스가 발생하지 않도록 하려면 무엇이 필요할까? 어떻게 하면 패러독스의 함정에 빠져들지 않을까? 경제는 생명체와 같다. 생명체는 계속 변화하는 특성이 있고, 외부 자극에 저마다 다르게 반응한다. 정책은 이러한 생명체에 가하는 자극이다. 그러니 그 반응과 결과가 어떻게 나올지가 확실하지 않다. 즉 경제의 패러독스를 막는 확실한 방법이 없다는 뜻이다. 하지만 부작용을 수정해나갈 수는 있다. 경제의 패러독스가 발생한 과거의 사례들을 검토하고 부작용이 다시 생기지 않도록 미리 조심하고 방향을 설정할 수 있다.

그렇다면 그 방향은 어느 쪽일까? 첫째, 결과 중심적 사고방식이다. 경제정책을 시행할 때 결과부터 예측하는 것이다. 이는 당연하다고 생각할지 모른다. 그런데 많은 정책에서 결과보다 동기가 더 중요하게 작용한다. 특히 선의의 동기가 그렇다. 어려운 사람들을 돕고자 하는 선한 동기로 정책이 만들어진다. 기업이 망하지 않고 생존하도록, 그래서 기업 관련자들을 도와주고자 하는 착한 마음으로 정책을 시행한다. 시행할 때는 정말 착하고 좋은 정책이긴 한데 최종 결과를 보면 절대 좋은 정책이라 말하기 힘든 경우가 많다.

일본은 1980년대 말 세계에서 가장 돈이 많은 나라였다. 2020년대에는 중국이 미국의 지위를 위협하니, 세계 1위 경제 대국으로 올라서지 않을까 하는 예상이 있는데, 1980년대 일본이 그랬다. 지금 돌이켜보면 중국의 위협론보다는 일본의 위협론이 더 일반적이었고 강했던 것 같다. 중국의 위협론에 대해서는 그렇게까지 되지 않을 거라는 반론도 많았고, 중국 위협론이 나온 지 오래되지 않아 중국의 경제침체를 걱정하게 되었다. 하지만 1980년대 당시 일본이 미국을 넘어서서 세계 경제 최강국이 되리라는 예상에는 반론도 거의 없이 지배적이었다. 그런데 1990년대부터 일본이 무너지기 시작했다. 더 이상 경제가 발전하지 않고 정체되었다. 그 유명한 버블 붕괴였다. 10년간 정체되면서 '잃어버린 10년'이라 불렸다. 그런데 10년이 지나도 경제는 나아지지 않았다. 잃어버린 10년은 잃어버린 20년이 되었고, 결국 잃어버린 30년이 되었다. 지금 일본은 중국, 독일에 밀려 세계 4위로 떨어졌다. 특히 1인당 GDP는 한국보다 낮아졌다. 1980년대에는 상상할 수 없던 일이다.

일본이 왜 이렇게 무너졌는가? 이는 경제학에서 중요한 화두였다. 처음에는 1990년대 버블 붕괴로 인한 경제 불황으로 보았다. 물론 버블 붕괴와 경제 불황은 경제에 심각한 타격을 준다. 그렇다고 그 불황이 30년 동안 이어지지는 않는다. 아니, 원래 그런 불황은 10년도 이어지지 않는 게 원칙이다. 몇 년 고생하고 다시 상승하는 게 원칙이다. 한국은 1997년 IMF 사태 때 거의 망했지만, 2000년대 초 그 영향에서 벗어났다. 한국만이 아니라 동남아 국가들도 10년 정도 지나서는 모두 1997년 외환사태를 극복했다. 미국은 2008년 금융위기를 겪었지만 그것도 10년이면 극복했다. 자본주의 사회에서 불황은 완전히 망하는 것이 아니다. 어려움을 겪다가 다시 앞으로 나아가는 과정이다. 경기순환론, 경기변동론이 그걸 이야기한다. 그런데 일본만 이런 경기순환에서 예외였다. 무려 30년간 불황이 이어졌고, 2025년 현재에도 그 영향에서 벗어나지 못하고 있다. 35년 동안 계속 불황이다.

미국이 엔화 가치를 급격히 올린 플라자합의가 일본을 망하게 했다고도 한다. 달러 대 엔화 환율이 1달러 250엔대에서 120엔대로 갑자기 낮아졌으니, 일본 경제는 분명 큰 충격을 받았다. 하지만 플라자합의는 1985년에 있었던 일이다. 5~10년 영향을 미칠 수는 있어도 30년 넘게 영향을 미칠 수는 없다. 플라자합의는 일본의 잃어버린 10년의 원인은 될 수 있어도 잃어버린 30년의 원인은 될 수 없다. 이건 경기변동론 학자들에게 수수께끼로 남았다.

그 원인으로 여러 가지가 제시되었다. 현재 가장 설득력 있는 설명 중 하나는 일본의 버블 경제에 대한 정책이다. 버블이 터지면 많은 기업이 망한다. 그러면 기업에 돈을 빌려준 은행도 망한다. 그래서 은행은 돈을 빌린 기업과 개인에게 연체된 빚을 갚으라고 독촉

하고, 당장 돈이 없는 기업과 개인은 담보를 뺏기면서 망한다. 금융
위기가 발생하면 금융권만이 아니라 경제 전체의 위기가 된다. 은
행이 망하면 개인과 기업도 같이 망하기 때문이다. 일본은 이런 문
제가 발생하지 않도록 은행이 망하지 않도록 했다. 은행 간 인수합
병을 하고, 충분한 지원으로 은행이 망하는 일은 없도록 했다. 그래
서 1990년대 버블이 터졌을 때 기업, 증권회사는 망했지만 은행은
망하지 않았다. 은행이 망하지 않으니 은행에서 많은 돈을 빌린 기
업, 개인도 망하지 않았다. 적극적으로 노력한 이 정책은 선의였고,
많은 사람을 어려움에서 구한 성공적인 정책이었다.

미국은 2008년 금융위기에서 어떻게 바로 일어설 수 있었을까?
2008년 금융위기로 은행도 망하고 기업과 개인도 망했다. 망하니
부채도 모두 청산된다. 어려움에 빠진 건 맞는데 완전히 리셋되었
고 처음부터 다시 시작할 수 있었다. 그러니 지금부터 새로 버는 돈
은 완전한 내 돈이 되는 것이다. 한국은 1997년 IMF 사태에서 어떻
게 금방 회복할 수 있었을까? 많은 은행과 기업이 망했고, 사람들이
실직했다. 기업들이 망하면서 경제성장률은 마이너스가 된다. 그런
데 이후 새로운 기업이 만들어지면서 다시 취업하고 경제성장률이
플러스가 된다. 경제 불황과 회복은 이런 과정을 거친다. 불황은 모
든 걸 다시 시작하게 만든다.

그런데 일본은 은행, 기업, 개인이 버블 붕괴로 엄청난 빚이 생기
고도 망하지 않았다. 100억 대출을 받아 100억 부동산을 샀는데, 부
동산값이 20억으로 떨어졌다. 이러면 순자산은 마이너스 80억이다.

미국의 경우 기업과 개인이 망해서 어려움을 겪었다. 그 대신 은행도 망하니 빚이 없어졌다. 0원에서 다시 시작인 것이다. 하지만 일본에서는 마이너스 80억 자산이 되고도 망하지 않았다. 파산하는 괴로움에서 구원된 것이다. 하지만 빚 80억은 없어지지 않았다. 앞으로 계속 갚아야 한다. 그 빚을 언제 갚겠나. 20년, 30년이 걸린다. 계속 일하면서 돈을 버는데, 그게 모두 빚 갚는 데 쓰인다. 경제 발전? 성장? 그런 거 없다. 기업이 열심히 일해도 나아지지 않는다. 일본이 잃어버린 30년을 겪게 된 이유이다.

일본이 은행을 망하지 않도록 한 것은 분명 선의에 의한 것이다. 그래서 그 정책을 비판하기는 어렵다. 하지만 2020년대 미국, 한국, 동남아의 변화와 일본을 비교해보면, 선의에 의한 '안 망하기 정책'이 좋았다고 말하기는 힘들다. 그때 고통을 받더라도, 그때 끝내고 다시 시작했다면 지금보다 나았을 것이다. 선의의 동기로 정책을 시행해서는 곤란하다. 그 결과가 어떨지를 살펴야 한다. 개인에게는 동기가 더 중요할 수 있다. 하지만 사회에는 동기보다 결과가 더 중요한 판단 기준이 되어야 한다.

규범 vs 실증

대학에 들어가서 경제학을 처음 배울 때 경제학 개론을 배운다. 미국 등에서는 보통 교재 이름이 'Principle of Economics'이다. 이 경제학 기초 책의 첫머리에는 보통 실증과 규범에 대한 이야기가 나온다. 실증은 '현실이 어떠하냐'이다. 현상이 어떻고, 또 어떤 정책을 시행하면 어떤 결과가 나오는지에 초점을 맞춘다. 가치관은 최대한 배제한다. 이에 대하여 규범은 '이랬으면 좋겠다' '이래야 한다'는 주장이다. 가치관이 전면에 들어가 있으며, 좋은 사회는 어떤 모습을 갖추어야 하고, 그런 사회를 만들기 위해서 어떻게 해야 할까라는 고민이 들어가 있다.

경제학은 규범과 실증 중 어디에 초점을 맞춘 학문일까? 사람은 가치관과 규범에서 벗어나기 힘들다. 경제학은 사람이 수행하는 것이라서 규범에서 완전히 벗어날 수 없다. 하지만 그러한 한계 내에서 경제학은 최대한 실증을 추구한다. '이래야 한다, 이러면 좋겠다'

는 것보다는 실제 이렇다는 것에 초점을 둔다. 규범을 중시한다 해도 실증의 결과 내에서 규범이 이야기되는 것이지, 실증 현실을 무시하며 규범을 추구해서는 곤란하다고 본다.

경제의 패러독스가 발생하는 주된 이유 중 하나는 경제정책을 펼때 실증보다 규범에 초점을 맞추기 때문이다. '이러면 좋겠다, 이래야 한다'는 관점에서 정책을 만들고 실행하는 것이다. 그래서 실제 결과가 어떤지, 그게 정말로 달성될 수 있는지 여부는 부차적이다. 아니, 부차적이면 그래도 좀 낫다. 실제 경제 현상은 아예 생각하지 않고 이래야 한다는 것에만 초점을 맞춘다. 그러면 경제의 패러독스를 피하기 어렵다.

'모두가 평등하게 잘사는 사회'는 많은 사람이 꿈꾸는 사회이다. 이게 좋은 사회이고, 현재의 사회적 문제를 모두 해결할 수 있는 이상적 사회라는 건 모두가 인정한다. 그런데 이건 규범인가, 실증인가. 이런 사회가 실제 역사상 존재했고, 앞으로도 존재할 가능성이 높다면 실증이다. 하지만 인류 역사상 한 번도 도달한 적 없고, 어떻게 해야 이런 사회가 가능할지 제대로 그려지지 않는다면 그건 규범이다. '모두가 평등하게 잘사는 사회'를 목적으로 만들어지는 정책은 규범적 정책이다. 이건 필연적으로 경제의 패러독스를 발생시킨다. 모두 평등하기는 한데 모두 못사는 사회가 만들어지거나, 잘사는 사회이기는 한데 아주 못사는 사람이 많은 사회가 된다.

실증적 정책은 현실적으로 달성 가능한 것을 목표로 삼는다. 경제학에서 사회 평등도를 측정하는 대표적 지표가 지니 계수이다.

그 수치가 높을수록 사회의 불평등도가 높다고 보는데, 실증적 정책은 이런 지니 계수를 일정 수준에서 유지한다거나, 더 이상 높아지지 않게 한다거나, 수치를 좀 낮추는 것을 목표로 한다. 어떤 사회도 달성한 적 없는 터무니 없는 수치를 목표로 하는 게 아니라 다른 나라들이 달성했고, 또 역사상 어떤 나라가 달성한 적 있는 수치를 목표로 삼는다.

'모든 사람이 집을 소유해서 집 걱정 없이 살 수 있는 사회를 만들자.' 이건 규범적 목표이다. 세계 어느 나라에서도 모든 국민이 집을 소유한 적은 없다. 집을 소유한 사람들이 있고, 임차해서 사는 사람들이 있다. 정부가 집을 다 지어서 국민에게 나눠주면 되지 않을까? 그렇게 해서 모두가 집을 가진 사회는 있지만, 그때 집은 국민들의 소유가 아니라 국가의 소유였다. 정부 말을 듣지 않고 불손하게 굴면 언제든 다른 집으로, 훨씬 멀고 질 낮은 집으로 쫓겨날 수 있다. 그리고 집을 나눠줄 때 신분에 따라, 권력자와의 관계에 따라 집이 결정되기도 한다. 국민 모두가 살 집이 있지만, 내가 소유한 집은 아니다. 국가가 만든 집에 임차해서 살 뿐이다.

실증적 목표라면 어느 정도 오랜 기간 열심히 일한 사람, 어느 정도 돈을 저축하고 모은 사람이 집을 살 수 있는 사회를 만드는 것이다. 사회에 진입한 지 얼마 되지 않은 청년도 집을 구할 수 있게 한다거나, 돈이 없어도 집을 살 수 있게 해주면 이상적이기는 한데 결국 경제의 패러독스가 발생한다. 2008년 세계 금융위기를 일으킨 미국의 서브프라임 사태는 돈이 없는 사람도 집을 살 수 있게 하면서 시작되었다.

규범적 목표를 세우고 추구하는 정부가 힘이 없고 무능하고 의지도 없다면 큰 문제는 안 된다. 그런데 강력한 정부, 똑똑하고 의지도 강한 정부가 규범적 목표를 추구하면 재앙이 시작된다. 그래서 똑똑하고 지혜롭다고 꼭 좋은 것이 아니다. 그런 사람이 실증을 무시하고 규범을 추구하면 모두가 힘들어진다. 사람들은 강력한 정부가 나서서 사회문제를 해결하기를 원한다. 그러나 규범 논리에 빠진 정부가 강력한 힘을 가지고 있으면 그 사회는 어려워진다. 히틀러는 유능하고 누구보다 강력한 의지를 가진 사람이었다. 그런데 목표가 '아리아인들이 지배하는 사회'였다. 이래야 한다는 규범적 목표이다. 여기에 강력한 정부가 만나자 유대인 학살, 제2차 세계대전이라는 결과가 만들어졌다.

경제학에서는 실증이 먼저다. 실증을 우선하는 한 경제의 패러독스는 잘 발생하지 않는다. 생겨도 부작용을 최소화하면서 개선할 수 있다. 하지만 규범을 우선시하면 거의 반드시 경제의 패러독스가 일어난다. 유능하고 의지도 강한 지도자보다는 실증을 중시하는 지도자가 더 중요하다. 규범보다 실증, 그게 경제의 패러독스를 최소화할 수 있는 방안이다.

단기적 관점 vs 장기적 관점

경제의 패러독스를 피하는 또 다른 주요 방법은 정책의 단기적 효과와 장기적 효과를 구분하는 것이다. 단기적으로 어떤 결과가 나타나는지, 그리고 장기적으로는 어떤 결과가 나타나는지 각 관점에서 따로 분석해야 한다. 사실 이건 경제학에서 특별한 분석 방법이 아니다. 경제학에서는 처음부터 정책의 단기적 효과와 장기적 효과가 서로 다를 수 있다고 전제한다. 그래서 분석 방법에서 아예 단기적 효과와 장기적 효과를 구분한다. 그리고 좋은 정책이냐 아니냐에 대한 궁극적인 판단 기준은 장기적 효과이다. 단기적 효과와 장기적 효과 모두 긍정적이라면 더할 나위 없이 괜찮은 정책이다. 단기적 효과는 좋은데 장기적 효과는 부정적이라면 안 좋은 정책이다. 단기적 효과는 나쁜데 장기적 효과가 좋다면 이것도 괜찮은 정책이다. 지금 돈을 절약해서 나중에 집을 사는 것, 지금 놀지 않고 공부해서 살아가는 데 도움이 되는 자격증을 따는 건 단기적으로는 어렵지만 장기적 효과는 좋은 경우이다. 단기적으로는 부정적이지만, 장기적으로 긍정적인 방향으로 보아야 한다.

여기서 장기적이라는 것은 단지 기간이 길다는 의미가 아니다. 기간이 짧으면 단기, 기간이 길면 장기가 아니다. 단기는 소비자의 반응이다. 소비자가 물건을 구입, 소비하면서 발생하는 효과가 단기적 효과이다. 장기는 생산자의 반응까지 나타난 상태이다. 생산자가 정책에 반응하여 생산을 늘리거나 줄이거나, 사업을 새로 시작하거나 정리하게 되는 효과까지 고려한 것이 장기적 효과이다. 시간은 몇 개월일 수 있고, 몇 년일 수도 있다. 어쨌든 생산자에 대한 효과까지 고려하여 사회적 결과를 예측하면 장기적 분석이다.

베네수엘라는 석유 매장량 세계 1위인 산유국이다. 석유의 질이 그리 좋지 않다고는 해도 이 정도 매장량이면 충분히 잘살아야 한다. 하지만 국민이 가난에 시달리는 대표적인 중남미 국가이다. 여러 이유가 있지만 그래도 석유를 잘 채굴해서 팔면 이렇게까지 가난할 리는 없다. 가난의 가장 큰 이유는 매장된 석유를 제대로 채굴해서 팔지 못했다는 점이다.

1976년 베네수엘라는 석유 사업을 국유화했다. 석유 개발은 개도국이 하기 어렵다. 그동안은 서구의 석유 대기업인 엑손모빌, 쉘 등이 개발해왔고 이익의 대부분을 가져갔다. 정작 석유가 나오는 국가는 이익의 10~20%만 챙길 수 있었다. 1973년 중동 산유국들이 OPEC 협의체를 만들고 석유 사업을 국유화하면서 이익의 대부분을 자국이 챙길 수 있도록 했다. 그렇게 석유 생산국들의 소득이 급격히 늘었고 1인당 GDP가 세계에서 가장 높은 국가들이 된다. 이러한 추세에 따라 베네수엘라도 1976년 석유 사업을 국유화한다. 이로 인해 베네수엘라는 중남미에서 가장 돈이 많은 나라가 된다. 석유 사업 국유화의 단기적 효과였다.

장기적 효과는 생산자들의 반응까지 고려하는 것이다. OPEC의 석유 국유화는 대부분 지분을 국가가 가져가는 것이었다. 엑손모빌, 쉘 같은 석유 대기업은 자신들의 지분이 크게 줄었어도 어느 정도는 유지했다. 어쨌든 석유 개발과 채굴이 잘돼야 그들도 돈을 벌 수 있으니 계속 석유 개발 현장에 남았다. 그런데 베네수엘라의 석유 국유화는 달랐다. 엑손모빌, 쉘 등 석유 기업들이 모든 지분을 토해내고 쫓겨났다. 베네수엘라가 이익을 다 챙겼다. 석유 개발은 서구 대기업밖에 못 하는데도 다 쫓아낸 것이다. 이후 베네수엘라는 새로운 유전을 개발하지 못했다. 또 기존 장비가 고장 났을 때 제대로 수리할 수도 없었다. 결국 베네수엘라는 석유를 제대로 생산하지 못하게 된다. 생산하더라도 아주 높은 비용으로 했고, 또 석유의 질을 좋게 할 수도 없었다. 결국 베네수엘라 석유는 국제시장에서 팔리지 않는 상품이 된다. 석유가 주요 수출품인데 수출을 제대로 못하니 국가에 돈이 없어진다. 결국 베네수엘라는 중남미에서 가장 가난한 나라가 된다. 베네수엘라의 석유 국유화는 생산자를 모조리 쫓아낸 정책이었다. 생산자를 고려하는 장기적 시각으로 보면 실패한 정책이라고 말할 수밖에 없다.

고율의 상속세는 돈이 많은 사망자로부터 사회 전체로 재산을 이전시키는 정책이다. 그 돈을 이전받는 시민들의 입장에서는 좋은 일이 아닐 수 없다. 소비자를 고려할 때 괜찮은 정책이다. 단기적으로는 아무 문제가 없다. 이때는 상속세를 내는 사람들이 생산자이다. 고율의 상속세는 이들에게 어떤 영향을 미칠까? 여기까지 고려한다면 장기적 효과를 예측하는 것이다. 고율의 상속세를 부담해야하는 사람은 자기 소득을 줄이고, 사업을 늘리지 않고 오히려 축소한다. 그리고 모든 재산을 가지고 해외 이주를 한다. 이러면 시민들에게 나눠줄 돈이 적어진다. 단기적으로는 좋지만 장기적으로는 문제가 된다. 그래서 서구 나라들은 상속세를 폐지하거나 세율을 극히 낮춘다.

정부가 그냥 돈을 나누어주면 국민은 당장 돈이 생기니 좋다. 단기적으로는 긍정적이다. 그런데 생산성과 상관없이 정부가 돈을 풀면 물가가 오른다. 그러면 돈이 더 생겨봤자 별 소용이 없다. 오히려 풀린 돈은 돌고 돌다 자산가의 손에 들어가 빈부격차만 더 커진다. 그래서 돈 풀기의 장기적 효과는 항상 부정적이다.

사람들이 어떤 경제정책이 필요하다고 주장할 때 그 정책에는 분명 장점이 있다. 하지만 대부분 단기적 관점에서 그렇다. 장기적 관점까지 고려한다 해도 그 장점을 잘 말하지 않는다. 대부분 경제정책은 단기적으로는 긍정적이지만 장기적으로는 부정적이다. 특히 포퓰리즘 정책이라 불리는 것들이 그렇다. 단기적 효과와 장기적 효과는 구분해서 따로 살펴야 한다. 경제의 패러독스를 피하기 위한 기본 조건 중 하나이다.

직접 효과 vs 외부 효과

경제의 패러독스를 방지하는 방법은 사실 따로 있지 않다. 경제학 내에 경제의 패러독스를 최소화하는 방법이 내재되어 있다. 앞에서 살펴본 '규범 vs 실증' 문제의 경우에도, 대학교 경제학 교재 첫머리에 경제학은 규범이 아니라 실증을 추구해야 한다고 서술되어 있다. '장기적 관점 vs 단기적 관점'과 관련해서도, 경제학 분석 방법은 원래 단기적 효과 분석과 장기적 효과 분석을 같이하도록 되어 있다. 또 '선의 vs 결과'와 관련해서도, 경제학은 각자의 선호를 결과적으로 어떻게 실현하는가에 초점을 맞춘다. 즉 경제의 패러독스를 방지하기 위해 경제학 외 따로 무언가를 준비하고 대비해야 하는 것이 아니다. 경제학 내에 패러독스를 방지하는 시스템이 있다. 문제는 경제학을 이용하는 사람들이다. 경제학에서는 분명 단기적 효과와 장기적 효과를 구분해서 따로 보아야 한다고 했는데, 장기적 효과는 고려하지 않고 단기적 효과만 본다. 각자의 선호에 따라 어떤 결과가 도출되는지가 경제학의 기본 분석 방법인데, 결과는 고려하지 않고 선호만 생각한다. 경제의 패러독스는 경제학을 제대로 적용하지 않는 데서 나오는 문제이다.

경제학에서 패러독스를 방지하기 위해 제시된 또 하나의 개념이 있다. 외부 효과이다. 경제정책에는 나름의 목적이 있다. 그 목적에 어떤 효과가 있는가를 살핀 것이 직접 효과이다. 그런데 경제정책은 거의 반드시라고 해도 좋을 정도로, 목적한 효과 외에 다른 부수적 효과가 나타난다. 그게 외부 효과이다. 외부 효과에는 긍정적 효과가 있고 부정적 효과가 있다. 정책의 부수적 효과가 긍정적 효과를 발생시킬 때는 외부경제 효과라 하고, 부정적 효과를 발생시킬 때는 외부불경제 효과라 한다. 이 외부불경제 효과가 바로 패러독스를 일으킨다. 그래서 경제정책을 시행할 때는 정책의 목적인 직접 효과 외 부수적 효과인 외부경제, 외부불경제 효과를 같이 고려해야 한다. 특히 부정적 효과인 외부불경제 효과가 중요하다. 이것이 크면 직접 효과가 좋았다 해도 최종적으로는 부정적 결과가 더 커진다.

전력이 부족해서 발전소를 짓는다고 하자. 전력을 생산해서 전력 부족에서 벗어나는 것이 직접 효과이다. 발전소를 지으면 주변 지역에서 발전소 관련 일자리가 늘어나는데 이건 외부경제 효과이다. 그런데 발전소를 가동했더니 주변에 환경오염도가 증가했다면 외부불경제 효과이다. 발전소를 지어서 전력 부족에서 벗어났다 해도, 환경오염이 증가해서 주변 지역이 살기 힘들어졌다면 이 정책은 성공적인 정책이라 할 수 없다. 주민들이 오히려 살기 어려워진 패러독스가 발생한 것이다.

고용보험은 근로자가 직장을 잃었을 때 먹고살 돈은 있도록 해주는 제도이다. 근로자가 해고를 당해도 큰 걱정 없이 지낼 수 있도록 하는 것이 직접 효과이다. 실업 후 실업급여를 믿고 바로 취직자리를 알아보지 않고 당분간 재충전의 시간을 가지려고 한다면 이건 외부경제 효과이다. 그런데 어떤 근로자는 취직한 지 얼마 되지 않아 퇴직해 실업급여를 받다가 더 이상 받지 못할 즈음에 다시 취직한 후 퇴직해서 실업급여를 받는다. 최대한 일하지 않으면서 실업급여만 챙기려는 사람이다. 이건 외부불경제 효과이다. 이런 사람이 많아지면 고용보험 자체가 제대로 유지되지 못한다. 관대한 고용보험에는 이런 외부불경제가 발생하기 쉽다. 그래서 실업급여 지급에는 보통 까다로운 조건이 붙는다. 보험을 악의적으로 이용하려는 외부불경제를 방지하기 위해서이다.

최근 한국에는 망이용료 문제가 정책적 이슈이다. 넷플릭스, 유튜브 등 해외 빅테크 기업이 한국의 인터넷망을 이용해서 한국 소비자에게 서비스를 제공한다. 한국 소비자들이 드라마, 영화, 유튜브 동영상을 많이 이용하니, 한국 인터넷망 회사들의 부담이 커진다. 그래서 넷플릭스, 유튜브 등에게 인터넷망 요금을 부과하고자 하는 것이 망이용료 문제이다. 외국 빅테크 기업들이 한국 인터넷망을 공짜로 이용하니 이들에게 분담료를 부과하자는 것이 이 정책의 직접 효과이다. 이를 주장하는 사람들은 보통 이것만 이야기한다. 넷플릭스 등이 요금을 내지 않으니 불공평하다는 주장이다.

그런데 망이용료가 유발하는 외부불경제는 무엇일까? 정책이 고려하지는 않지만 이로 인해 발생할 수 있는 부작용은 무엇일까? 망이용료 정책은 결국 동영상을 올린 사람이 망 비용을 부담하도록 하는 것이다. 어떤 기업이나 개인이 동영상을 만들어 올렸는데 그게 히트쳤다고 하자. 몇십만, 몇백만 명이 동영상을 보았다. 결국 이 동영상을 올린 사람 때문에 인터넷망 회사들의 부담이 커진다. 그러면 인터넷망 회사가 그 히트 동영상을 올린 사람에게 비용 분담을 요구한다. 인터넷망 이용료는 비싸다. 몇백만 명이 보는 히트 동영상을 올린 사람은 몇백만 원 이상의 망 이용료를 내야 한다. 몇억 조회수를 올린 동영상은 몇억 원을 내야 한다. 히트치면 망하는 것이다. 결국 동영상을 제작해 올리는 문화가 사라질 것이다.

외부효과 이론은 정책의 직접 효과만 고려하지 말고, 이런 예상 가능한 부수적 효과도 고려하라고 한다. 특히 어떤 부작용이 생길지 미리 고민하는 생각의 틀을 제공한다. 정책을 시행하기 전에 외부불경제로 무엇이 있을지 미리 검토하고 그 정도를 예측한다면 경제의 패러독스를 어느 정도 줄일 수 있다. 정책이 발생시킬 부수적 효과, 특히 부정적 효과를 미리 살피고 검토해야 한다.

교조적 사고 vs 유연한 사고

패러독스를 낳는 정책을 피하기 위한 또 하나의 대안은 교조적 사고를 피하는 것이다. 아니, 교조적 사고를 피하기보다는 교조적 사고를 가진 사람을 정책 담당자로 앉히지 말아야 한다. 경제학에서는 전지전능한 사람은 없다고 본다. 사람들은 미래에 대해 잘 모르며, 앞으로 어떤 일이 벌어질지도 알 수 없다. 그래서 어떤 정책을 시행했을 때 원하는 결과가 나오지 않을 수 있다. 그동안의 경험을 봐서 정책 목표를 달성할 확률이 높다 해도 그것이 절대 진리가 아니라는 걸 안다. 그게 경제학의 기본 사고방식이다.

사회에 정책이 개입할 만한 커다란 문제가 있기 때문에 정책을 시행한다. 하지만 원하지 않는 결과가 나올 수 있고, 부작용이 생길 수도 있다. 그때는 그에 맞추어 정책을 보완하고 방향을 바꾸어야 한다. 사실 경제학에서는 사회문제가 있다고 해서 정부가 함부로 개입하지 말라고 한다. 하지만 현실에서 의회와 정부는 계속 뭔가 정책을 만들어 개입하려 한다. 그런 사회적 분위기 속에서 정책을 만들지만 그게 어떤 결과를 만들지는 예측하기 힘들다. 그래서 정책이 예상대로 작동하지 않으면 언제든 바꾸어야 한다. 정책은 완전하지 않다. 현실에 맞게 계속 조정하고 변경해나가야 한다.

그런데 교조적 사고방식을 가진 사람이 있다. 이런 사람은 자기주장을 절대 바꾸지 않는다. 현실과 자기주장이 서로 다르면, 자기주장이 틀린 게 아니라 현실이 잘못된 것이다. 현실을 바꾸어서라도 자기주장을 고수한다. 이런 사람은 굉장히 강직하고 세태에 뜻을 굽히지 않는 훌륭한 사람이다. 종교계에서 일하는 사람이라면 성인으로 인정받을 수 있고, 학자라면 자기 의견이 분명하고 뜻을 고수하는 석학으로 이름을 날릴 수 있다. 기업가라면 많은 어려움을 뚫고 결국 사업을 성공시키는 입지전적 인물이 된다. 그런데 이런 사람이 정부 경제정책을 담당하면 곤란하다. 자신의 의견에 맞게 정책을 만든 다음, 현실이 어떻든 그 정책을 고수한다. 계속 그 강도를 높여가며 more and more를 외친다. 개인적으로는 훌륭한 사람일 수 있다. 하지만 정부 경제정책을 담당하는 사람이 그러면 곤란하다. 이 사람의 생각만 바뀌어도 문제가 해결될 수 있다. 하지만 교조적 사고방식을 가진 사람의 생각은 절대 바뀌지 않는다. 바뀌지 않으니 교조적인 사람이다. 이런 사람은 정책 분야에서 처음부터 제외해야 한다.

내가 보기에, 근래 한국에서 이런 교조적인 경제정책이 이루어진 대표적인 예가 문재인 정권의 부동산 정책이다. 당시 부동산 정책 담당자들은 두 가지를 기본 전제로 깔았다. 첫째, 한국에는 집이 이미 충분하다. 한국의 주택 보급률은 이미 오래전에 100%가 넘었다. 모든 사람이 살 수 있는 집은 이미 충분하다. 둘째, 그럼에도 불구하고 집값이 오르는 건 투기꾼들 때문이다. 그들이 집값 상승을 바라고 여러 채를 사니 집 없는 사람들이 있고 집값이 오른다. 이게 원인이라면 집값 해결 방안도 확실해진다. 투기꾼들을 잡으면 된다. 한 사람이 여러 채를 보유하면 벌을 주어야 한다. 그래서 문재인 정권의 부동산 정책은 다주택자에 대한 세금 폭탄이었다. 보유세를 높여서 다주택자가 버티지 못해 집을 팔면 집값이 떨어질 것으로 보았다.

여기에 반대하는 사람들이 있었고 그 의견은 이렇다. 주택 보급률 100%가 넘어 집이 충분히 있기는 하다. 하지만 중요한 건 집이 있느냐 없느냐가 아니라, 자기가 살고 싶은 집, 원하는 집이 있느냐이다. 현재 한국은 대학입학 정원이 수능 응시 인원보다 많다. 2025년도에는 대학입학 정원은 34만 명인데, 고3 재학생은 30만 명밖에 안 된다. 즉 원하는 사람은 누구나 대학에 갈 수 있다. 그러나 대학 가기가 쉽다고 생각하는 사람은 아무도 없다. 중요한 건 아무 대학이 아니라 원하는 대학에 들어가는 것이다. 집도 마찬가지이다. 농촌에는 빈집이 많다. 무료로 들어가 살 수 있는 집도 많다. 하지만 중요한 건 자기가 원하는 집에서 사는 것이다. 이런 면에서 보면 집은 여전히 부족하다.

그리고 투기꾼은 돈을 벌려는 사람이다. 그들은 집값이 오를 것이라고 예상할 때 집을 산다. 집값이 오르지 않는다고 예측하면, 아무리 재촉해도 절대 집을 사지 않는다. 즉 투기꾼들이 집을 사서 집값이 오르는 게 아니라, 집값이 오를 것이라고 예측되기 때문에 집을 사는 것이다. 투기꾼을 잡는다고 집값이 떨어지는 게 아니다. 집값을 잡아야 투기꾼이 없어진다. 그리고 다주택자들이 문제라고 하지만, 실제 다주택자들이 보유하고 있는 집은 주로 빌라, 다세대주택, 오피스텔이다. 그런데 한국에서 집값 상승의 원인은 아파트, 그것도 서울의 고급 아파트이다. 이런 아파트를 여러 채 가지고 있는 다주택자는 극히 드물다. 그러니 빌라, 다세대주택, 오피스텔을 보유한 다주택자들에게 세금 폭탄을 퍼부어도 집값은 떨어지지 않는다.

누구 말이 맞을까? 모른다. 각기 자기 말이 옳다고 하지만 경제학은 불확실성이 기본이다. 확실히 알 수 없다가 경제학의 답이다. 그 상태에서 문재인 정부는 다주택자에게 고율의 세금을 부과하기 시작했다. 그러면 부동산값이 떨어질 것으로 생각했다. 그런데 부동산값은 오히려 올랐다. 세금을 더 올렸다. 부동산값도 더 올랐다. 여기까지는 그럴 수 있다. 중요한 건 지금부터이다. 세금을 올리면 부동산값이 떨어질 것으로 보았는데 오히려 올랐다. 반대 측에서 주장한 대로 되었다. 그러면 정책 방향이 바뀌어야 한다. 정책을 시행했는데 결과가 반대로 나오면 정책을 바꾸면 된다. 정책은 그런 식으로 진화하고 개선된다.

문재인 정권 부동산 정책 담당자의 문제점은 자기주장과 다른 현실의 결과가 나왔는데도, 계속 자기주장을 강화하는 방향으로만 나아갔다는 점이다. 무려 약 30회의 부동산 대책 방안을 발표하면서, 계속해서 다주택자에 대한 규제와 세금을 강화해나갔다. 그러는 사이 집값은 계속 올랐다. 이건 정책이라기보다는 오기이다. 교조적 사고에 의한 정책이다. 나는 교조적 사고를 가진 사람이 틀렸다고 보지는 않는다. 앞에서 말했듯이 종교계, 학계라면 훌륭한 모범이 될 사람이다. 기업가라면 세상을 바꿀 수도 있다. 하지만 그런 사람이 경제정책을 담당해서는 안 된다. 경제는 불확실성의 세계이다. 그런 세계에서 확실성을 주장하는 사람, 교조적 사고를 가진 사람은 위험하다.

경제학 vs 정치경제학

경제의 패러독스를 피하기 위해 알고 있어야 할 게 하나 있다. 경제학과 정치경제학은 완전히 다르다는 점이다. 경제학의 목적은 가난한 사람이 잘살게 하는 것이다. 가난한 사람이 잘살기 위해서는 어떻게 해야 하나? 일자리가 있어야 잘살 수 있다. 그래서 기업이 발전하고 사회가 성장하는 것을 목적으로 한다. 경제학의 목적이 경제가 성장하는 것, 즉 GDP가 커지는 것을 목적이라고 생각하는 사람도 있다. 이런 사람은 가난한 사람들이 어떻게 살든 GDP가 증가하면 좋아지는 것으로 생각한다. 하지만 아니다. GDP 증가를 추구하는 건, GDP가 증가할 때 가난한 사람들이 더 잘살 가능성이 커지기 때문이다.

GDP 증가는 수단이지 그 자체가 목적은 아니다. 그래서 미국 등 서구 선진국은 경제정책을 정할 때 실업률과 인플레이션을 일정 수준으로 유지하는 게 주요 목적이다. GDP 높이기, 경제 성장 몇 퍼센트가 아니다. 국민의 삶에 영향을 주는 건 실업률과 인플레이션이지 경제성장률이 아니기 때문이다. 경제학의 주요 목적은 가난한 사람이 보다 잘살게 하기, 시민의 삶을 어렵게 하는 실업률과 인플레이션율을 적정 범위 안에 묶는 것이다.

이에 대해 정치경제학의 목적은 다르다. 경제학을 이야기하지만, 그 본질은 경제가 아니라 정치이다. 정치학에서 이야기하는 정치의 목적도 분명하다. 정치는 권력을 잡는 것이 주된 목적이다. 권력을 잡고 행사하는 것이 정치의 목적이다. 현대 민주사회에서 권력을 잡는 방법은 무엇인가? 국민의 표를 얻는 것이다. 표를 얻기 위해서는 국민이 좋아하고 찬성할 만한 것을 주어야 한다. 정치경제학은 국민이 좋아할 만한 경제 이야기를 하고 마음에 들 경제정책을 제시해서 표를 얻는 것이 목적이다.

표를 얻으려면 지금 당장 유리한 점을 제시해야 할까, 당장은 힘들지만 나중에 좋아지는 점을 제시해야 할까? 지금 당장 유리한 점을 제시해야 표를 얻을 수 있다. '이 정책을 실행하면 지금 당장 여러분의 삶은 나빠집니다. 하지만 10년 후에는 좋아질 수 있습니다.' 이러면 표를 얻을 수 없다. 정치경제학은 장기적으로 어떤 효과가 있는지에 관심이 없다. 그건 표가 안 된다. 단기적으로 좋은 것만 제시한다. 그래야 표를 얻는다. 경제정책에는 단기적으로는 좋아 보이지만 장기적으로는 나쁜 것이 아주 많다. 경제학은 그런 정책을 반대하지만, 정치경제학에서는 그런 정책이 최선이다.

현대 선거민주주의와 정치경제학이 합쳐졌을 때 더 큰 문제가 발생한다. 선거민주주의에서는 더 많은 표를 얻는 사람이 이긴다. 다수가 좋아하는 이야기를 하고, 다수가 좋아하는 경제정책을 제시해야 선거에서 이길 수 있다. 그러면 경제적 면에서 볼 때 누구 편을 들어야 선거에서 이길 수 있을까? 생산자와 소비자를 비교해보면, 생산자는 항상 소수이고 소비자는 다수이다. 경제학에서는 소비자와 생산자를 대등한 관계로 본다. 과점, 독점 산업에서는 생산자가 우위에 있지만, 진입규제가 없는 산업에서는 소비자와 생산자는 대등하다. 경제학에서는 소비자, 생산자 각각의 입장에서 균형을 잡으려 한다. 하지만 정치경제학에서는 다르다. 생산자는 소수이고 소비자는 다수이다. 선거에서 이기려면 다수인 소비자 편을 들어야 한다. 무조건 소비자가 선이고, 생산자는 악이다.

일자리를 제공하는 사업가는 소수이고, 일하는 근로자는 다수이다. 경제학에서 사업가는 일자리를 제공하는 역할을 하므로 사회에 꼭 필요한 존재이다. 사업가가 잘되고 많아져야 일반 사람들이 일할 수 있는 일자리가 많아진다. 하지만 정치경제학적 입장에서 보면 사업자는 소수이고 근로자는 다수이다. 사업자는 악이고 근로자는 선으로 봐야 표를 더 얻을 수 있다. 또 부자는 항상 소수이고 부자 아닌 사람이 다수이다. 부자는 상대적 개념이기 때문에, 어떤 사회에서든 부자는 소수일 수밖에 없다. 선거에서 이기려면 부자를 공격하고 가난한 사람의 편을 들어야 한다.

그리고 앞에서 규범과 실증 중 실증을 중시해야 한다고 했다. '이러면 좋겠다'와 '현실이 이렇다'는 것이 충돌할 때 현실을 택해야 제대로 된 경제정책이 만들어진다고 했다. 그런데 사람들은 '이러면 좋겠다'는 이야기를 좋아할까, '현실이 이렇다'는 이야기를 좋아할까? 사람들은 다큐멘터리보다 드라마를 좋아한다. 논픽션보다 소설을 좋아한다. 꿈꾸는 걸 좋아하지, 현실의 어려움을 좋아하지 않는다. 드라마와 다큐멘터리의 시청률 차이, 그것이 규범과 실증의 표 차이이다. 경제학에서는 단기보다는 장기, 규범보다는 실증, 선의의 동기보다는 결과를 중시한다고 했다. 그런데 정치경제학에서는 장기보다 단기, 실증보다 규범, 결과보다 선의의 동기가 더 중요하다. 그래야 표를 얻는다.

정치인이 경제문제의 해결책을 제시할 때, 경제 방향을 이야기할 때, 경제정책을 주장할 때 그것이 경제학에 기반하는지, 정치경제학에 기반하는지 구별할 수 있어야 한다. 정치경제학에 기반한다면 거부할 수 있어야 한다. 당장 듣기에는 좋아 보이지만 장기적 효과는 어떤지, 현실인지 꿈인지, 외부효과는 어떤지를 생각할 수 있어야 한다. 그래야 정치경제학에 기반을 둔 주장이 힘을 잃는다. 그런 사회가 될 때 경제의 패러독스는 최소화될 수 있다.

　고등학교 정도 되면 반 내 학생들의 성적에 편차가 커진다. 공부 잘하는 학생은 아주 잘하고, 못하는 학생 중에는 글을 제대로 못 읽거나 사칙연산을 어려워하기도 한다. 그런데 잘하는 학생은 90점, 못하는 학생은 50점을 받는다고 40점 차이가 나는구나 하고 생각하면 안 된다. 100점 만점이라는 한계를 두기 때문에 공부 잘하는 학생은 90점만 받는 것이다. 만약 1000점 만점의 시험을 본다면 공부 잘하는 학생은 900점을 받을 것이고, 제대로 읽지도 못하는 학생은 여전히 50점 대를 받을 것이다. 상한을 1000으로 두면 점수 차는 850점이 된다.

　시험문제를 100점 만점으로 한정하지 않고 잘하는 대로 계속 점수를 더 받을 수 있게 하면 공부 잘하는 학생의 점수와 못하는 학생의 점수 차이는 점점 더 커진다. 소위 말하는 대로 격차가 확대된다. 같은 반 학생들의 점수가 이렇게 차이가 나면 분명히 문제이다.

반 화합 차원에서도 좋지 않고, 학생들 관계에서도 문제가 생길 수 있다. 그래서 교육 당국과 학교 선생님들은 학력 격차를 줄이자고 한다.

학생들 간 격차를 줄이는 것은 분명 옳은 목표이다. 그런데 여기에는 두 가지 방법이 있다. 하나는 공부 못하는 학생들의 성적을 올리는 것이다. 공부 못하는 학생들이 공부를 잘하게 돼서 점수가 올라가면 학력 격차는 감소한다. 다른 하나는 공부 잘하는 학생들이 높은 점수를 받지 못하게 하는 것이다. 하루에 4시간 이상 공부를 못 하게 하고, 점수가 높으면 불이익을 주고, 또 좋은 교재를 사용하지 못하게 하는 방법으로 방해한다. 공부 잘하는 학생을 방해해서 시험을 잘 못 보게 하고, 이들의 점수가 낮아지면 결국 학생들의 점수 격차가 줄어든다.

공부 잘하는 사람의 점수를 낮추는 것과 공부 못하는 사람의 점수를 높이는 것, 둘 중 어떤 방향으로 가야 할까? 당연히 공부 못하는 사람의 점수를 높이려고 해야 한다. 공부 잘하는 사람의 점수가 낮아지면, 공부 못하는 사람은 별 차이 없네라며 마음의 평화만 얻을 수 있다. 지금만 마음이 편할 뿐이다. 글을 제대로 못 읽고 계산을 제대로 못 하면 앞으로의 인생이 계속 어려워진다.

학생들의 격차를 줄이려는 정부의 목표는 타당하다. 하지만 그 방법은 어디까지나 공부 못하는 사람의 성적을 올리는 것이어야 한다. 잘하는 사람을 억눌러 낮은 점수를 받게 하는 것은 제대로 된 해결책이 될 수 없다. 그런데 현재 교육 정책은 공부 잘하는 사람의 성적을 낮추는 것을 주된 목적으로 한다. 외고, 자사고에 대한 규제, 대입 선발과 관련된 많은 규제가 기본적으로 공부 못하는 사람이 잘하도록 하는 목적이 아니다. 공부 잘하는 학생이 더 많이 공부 하는 것을 막는 데 초점을 둔다.

국민들 사이의 소득 격차, 자산 격차 확대가 경제적 문제가 되고 있다. 현재 한국에서 소득 격차가 확대되는 것은 맞고, 이것이 사회 안정을 해치는 사회문제인 것도 맞다. 경제적 격차를 줄이기 위해 정부가 정책을 세우고 집행하는 것도 타당하다. 그런데 소득격차를 줄이는 방법에는 두 가지가 있다. 하나는 가난한 사람들의 소득을 올리는 방법이다. 그러면 소득격차가 준다. 다른 하나는 부자의 소득을 낮추는 방법이다. 세금을 올리고, 부자가 돈을 벌기 위한 활동을 규제하거나 부자가 높은 소득을 올리지 못하도록 할 수 있다. 그러면 분명 소득격차가 준다. 그런데 문제가 있다. 공부 잘하는 학생이 높은 점수를 받지 못한다고 해서 공부 못하는 학생의 실력이 느는 게 아닌 것처럼, 부자의 소득이 감소한다고 가난한 사람이 더 잘살게 되는 게 아니다. 부자의 소득이 어떻게 되든 가난한 사람은 그냥 계속해서 가난하다. 사실 부자들이 새로운 사업체를 만들지 않으면 오히려 가난한 사람들의 소득이 감소한다.

빈부격차가 덜한 사회가 좋은 사회이다. 그건 분명하다. 하지만 빈부격차가 덜한 사회보다 더 좋은 사회가 있다. 가난한 사람이 없는 사회이다. 극빈자가 없고 모두가 어느 정도 먹고살 수 있는 사회가 가장 좋은 사회이다. 설사 부자가 더 부자가 되고 사람들 사이의 경제적 격차가 크다 해도 가난한 사람이 없는 사회가 더 좋은 사회이다.

경제 격차를 시정하려는 정책의 목적은 부자들의 소득을 낮추는 게 아니라 가난한 사람들의 소득을 올리는 데 초점을 두어야 한다. 그런데 지금 한국이 소득격차 문제에 접근하는 방식은 부자의 소득을 줄이는 데 초점을 두고 있다. 부자들이 얼마나 돈을 더 버는지, 돈을 어떻게 버는지, 얼마나 상속받고 증여를 하는지에 모든 관심을 쏟고, 이 과정에서 부정과 비리가 있는지를 밝히고 막으려고 한다. 겉으로 보면 정부로서 역할을 잘하는 것 같지만, 막상 이들은 가난한 사람들의 삶에 관심이 없다. 가난한 사람이 어떻게 잘살 수 있는지는 관심 없고 그냥 부자의 소득을 줄이는 데만 관심을 쏟는다. 제로섬 사회에서는 그게 정답일 수 있다. 하지만 지금 우리 사회는 제로섬 사회가 아니다. 비제로섬 사회에서 부자의 소득을 줄이는 데 초점을 맞추면 가난한 사람의 문제를 해결하지 못한다. 오히려 가난한 사람의 삶을 더 어렵게 한다. 경제 정책은 이런 경제의 패러독스를 항상 고려할 필요가 있다.

2025년 5월

최성락

경제학 패러독스

가난한 사람을 위한 **경제 정책**이
왜 그들의 **살림**을 더 **어렵게** 할까?

초판 1쇄 발행   2025년 5월 30일

지은이   최성락
펴낸이   최용범
편집기획   김민기
마케팅   강은선
디자인   김규림
관리   이영희
인쇄   ㈜다온피앤피

펴낸곳   페이퍼로드
paperroad
출판등록   제2024-000031호(2002년 8월 7일)
주소   서울시 관악구 보라매로5가길 7 1309호
이메일   book@paperroad.net
페이스북   www.facebook.com/paperroadbook
전화   (02)326-0328
팩스   (02)335-0334
ISBN   979-11-92376-52-3 (03320)